너의 죄를 고백하라

IVP(InterVarsity Press)는
캠퍼스와 세상 속의 하나님 나라 운동을 지향하는
IVF(InterVarsity Christian Fellowship)의 출판부로서
생각하는 그리스도인을 위한 문서 운동을 실천합니다.

Copyright ⓒ 1964 by The Evangelical Fellowship in the Anglican Communion
Originally published in English under the title *Confess Your Sins*
by Hodder and Stoughton, 338 Euston Road, London, NW1 3BH, UK
All rights reserved.

This Korean Edition Copyright ⓒ 2012 by InterVarsity Press Korea, Seoul, Republic of Korea
This Korean edition is translated and used by arrangement of Hodder and Stoughton
through rMaeng2, Seoul, Republic of Korea.

이 한국어판의 저작권은 알맹2 에이전시를 통하여
Hodder and Stoughton과 독점 계약한 한국기독학생회출판부에 있습니다.
신 저작권법에 의하여 한국 내에서 보호받는 저작물이므로
무단 전재와 무단 복제를 금합니다.

너의 죄를 고백하라

존 스토트 | 김명희 옮김

차례

머리말	7
1장 하나님께 하는 은밀한 고백	15
2장 피해 당사자에게 하는 사적인 고백	35
3장 교회에서 하는 공적인 고백	55
4장 사제에게 하는 비밀 고해1: 사역자의 권한	77
5장 사제에게 하는 비밀 고해2: 참회자의 필요	105
결론	129
부록 일부 공식적인 성공회의 선언문들	135
주	141

일러두기
저자가 언급하는 '공동기도서'는 영국 성공회의 공식 예식서인 *The Book of Common Prayer*를, '제0조'는 영국 성공회의 신학적 기초를 이루는 문서인 '39개 신앙 조항' 중 0번째 조항을 의미한다. (인용 부분은 주낙현 신부의 한국어 번역문을 그대로 가져와 쓴다.)

머리말

「너의 죄를 고백하라」(Confess Your Sins)라는 이 책의 제목을 보고, 이는 그리스도인들이 자신들의 죄에 비정상적으로 집착하고 있음을 분명히 보여 주는 지표라고 여기는 사람도 있을 것 같다. 1-2년 전쯤, 한 아마추어 기자가 "타임"(Time)지에다 바로 이런 경향에 대한 불만을 털어놓았다. 그는 교회 예배에 참석할 때마다 죄를 기억하라는 것이 참 당황스러웠다. 아침 기도와 저녁 기도 시간마다, 자신과 회중 모두는 '비참한 죄인들'의 무리가 되었다. 세례 때마다 자신은 '죄 가운데서 잉태되어 죄 가운데서 태어났다'라는 말씀을 들었다. 또 결혼식 때마다 결혼은 '죄에 대한 치료책 가운데 하나'라고, 또 장례식 때마다 죽음은 '이 죄악 된 세상의 불행들로부터' 인간들을 구해 준다는 말씀을 들었다. 그는 신자들이 진정 죄에 사로잡혀 있다는 결론에 이를 수밖에 없었다.

이런 비판에 기분이 상할 필요는 없다. 우리가 죄에 대해 많이 생각하고 많은 말을 한다는 사실은 전혀 부끄러워할 일이 아니다. 그렇게 하는 이유는 간단하다. 우리는 현실주의자들이기 때문이다. 죄는 참 불쾌한 사실이다. 그러나 그것을 무시해서도 안 되고 비웃어서도 안 된다. 오히려 우리는 죄에 정직하게 직면해야 한다. 사실 기독교야말로 죄를 진지하게 다루고, 죄에 대해 만족할 만한 치료책을 제시하는, 이 세상의 유일한 종교다. 그리고 이 치료책을 누리는 길은, 병을 부정하는 것이 아니라 그것을 고백하는 것이다.

여기까지는 꽤 괜찮다. 그러나 우리는 누구에게 죄를 고백해야 하는가? 어떤 사람은 사제에게 고백하는 것이 필요하다고 말한다. 그리고 실제로 그것이 우리의 죄 사함을 위해 하나님이 정하신 방법이라고 말한다. 정말 그러한가? 그리스도인의 고백이란 어떤 것이며 그리스도인은 어떻게 죄 사함을 받을 수 있는가?

이에 대해서는 기초를 잘 닦음으로써, 또 우리가 어떤 교파에 속했든 모든 그리스도인이 공유하는(공유해야 하는) 공통 기반에 서서 이 질문들에 접근하는 것이 유용할 듯하다. 우리가 동의하는 진리는, 우리는 죄인이며 그 **죄**로 인해 정죄함을 받고 있으나, **죄 사함**이 가능하며, 이를 위해 죄 **고백**이 필요하다는 것이다. '죄-고백-죄 사함'은 사실 서로 떼려야 뗄 수 없는, 세 개로 이루어진 세트다. 이제 이 세 가지 기독교의 분명한 명제로 이 진리들에 대해 자세히 설명해 보겠다.

죄와 정죄함

1. 우리는 죄로 인해 정죄함을 받았으므로, 죄 사함이 필요하다.

나는 먼저 인간이 죄인이라는 사실을 확실히 하고자 한다. 이는 논쟁의 여지가 없는 사실이다. 우리는 하나님의 기준은커녕, 우리 자신의 이상에도 이르지 못하는 존재다. 우리는 하나님의 거룩한 법은커녕, 우리 자신의 행동 규칙도 깨뜨렸다. 우리는 죄인이다.

그러나 여기서 한 걸음 더 나아가 우리는 **정죄함**을 받은 죄인임을 덧붙여야 한다. 성경에 따르면, 죄는 무엇보다 하나님께 범하는 것이기 때문이다. 죄의 심각함은 여기에 있다. 우리의 악행이 아무리 우리 자신에게 치욕이 되고 다른 사람들에게 슬픔과 고통이 된다 할지라도, 그 악행의 가장 악한 면은 그것이 우리의 창조주요 주님이신 하나님에 대한 반역이라는 것이다. 죄에 대한 성경의 가장 간단한 정의 가운데 하나는, "죄는 불법이라"(요일 3:4)라는 것이다. 이 두 단어는 바꾸어 쓸 수도 있다. 죄는 하나님이 알려 주신 뜻을 위반하는 것이며, 그분의 권위에 반역하는 것이다. 이러한 죄로 인해 우리는 "하나님 앞에서 유죄"(롬 3:19, 새번역)가 되었으며 그분의 의로우신 분노와 심판 아래 있게 되었다. 하나님이 죄를 사해 주실 때에만 우리가 죄인이라는 사실이 깨끗이 지워질 수 있으며, 하나님과의 사귐을 회복할 수 있다.

죄 사함

2. 죄 사함은 하나님이 오로지 자기 아들의 죽음을 근거로 우리에게 베푸시는 것이다.

모든 그리스도인이 하나님은 죄를 사하시는 하나님임을 믿는다. 이는 우리의 기본적인 신앙고백이 담긴 신경에도 나와 있다. "나는 죄를 사해 주실 것을…믿습니다." 기독교는 근본적으로 구원의 종교이며 이 구원은 죄 사함을 포함한다. 따라서 새 언약에 속한 위대한 약속 가운데 하나, 즉 예레미야를 통해 미리 말씀하셨고, 예수님이 자기 피를 흘리심으로 실증하겠다고 말씀하신 그것은 "내가 그들의 악행을 사하고, 다시는 그 죄를 기억하지 아니하리라"(렘 31:34; 마 26:28)라는 것이다. 사도들은 복음을 전하기 시작했을 때, 주님의 명령을 따라 신실하게 회개하고 복음을 믿는 이들에게 죄 사함을 선포했다(눅 24:47; 행 2:38; 3:19; 13:38-39). 그들이 설교에서 선포한 말씀, 또 자신들의 서신서에 쓴 말씀, 마치 마태복음 26:28이 다시 울리는 듯한 그 말씀은 이것이다. "우리는 그리스도 안에서 그의 은혜의 풍성함을 따라 그의 피로 말미암아 속량, 곧 죄 사함을 받았느니라"(엡 1:7).

이 구절의 마지막 부분은, 구속과 죄 사함이 어느 정도 동일한 말이라는 사실과, 이 두 가지는 그리스도 안에서 '우리가 받은', 현재 우리가 인식할 수 있는 우리의 소유임을 분명히 한다. 뿐만 아니라 이 두 가지 다 '그의 피'로 인한 것임을, 다시 말해 그리스도의 십자가 죽음으로 인한 것임을 분명히 한다. 그리스도께서 죽으셨을 때 "[그분은] 우리 죄를 담당하셨다"라고 성경은 가르친다. 구약 성경에 나오는 이런 표현이 의미하는 바는, 그리스도께서 우리 죄로 인해 형벌을 받으셨다는 것이다. 성경은 그분이 "우리 죄를 담당하셨기" 때문에 우리는 "그 안에서 하나님의 의가" 될 수 있다고, 즉 죄 사함을 받고 받아들여질 수 있다고 가르친다(벧전 2:24; 고후 5:21).

'공동기도서'에도 성경이 주장하는 바가 충실하게 반영되어 있다. 성찬례 때 우리는 "오직 그리스도의 십자가 고난의 공로로 우리는 죄 사함을 얻습니다"(첫 번째 권고)라는 말씀을 듣는다. 따라서 우리는 죄를 고백할 때 하나님이 우리에게 자비를 베푸셔서 그분의 "아들 우리 주 예수 그리스도의 이름으로 우리의 지나간 모든 것을 용서해 주시기를" 기도한다. 그리고 성찬을 받은 후 봉헌의 기도를 드릴 때 "당신의 아들 예수 그리스도의 죽음과 그 공로로, 그의 피를 믿음을 통해, 우리와 당신의 교회 전체가 죄 사함을 받게 해 달라고" 다시금 기도한다. 이렇듯 우리는 성경과 '공동기도서'에 나와 있는 이 관계, 곧 그리스도와 우리의 죄 사함의 불가분의 관계를 피할 수 없다. 우리 각자는 우리 영혼을 위해 이렇게 기도할 필요가 있다. "세상의 죄를 없애기 위해 죽임당하신 흠 없는 어린양의 피로 죄를 씻어 주시기를 기도합니다."(병자 방문 예식)

고백

3. 죄를 고백하는 것은 하나님께 죄 사함을 받기 위해 꼭 필요한 조건이다.

이 세 번째 명제는 아침 기도와 저녁 기도를 시작할 때 읽는 성경 말씀에 분명하게 표현되어 있다. "만일 우리가 죄가 없다고 말하면 스스로 속이고 또 진리가 우리 속에 있지 아니할 것이요, 만일 우리가 우리 죄를 자백하면 그는 미쁘시고 의로우사 우리 죄를 사하시며 우리를 모든 불의에서 깨끗하게 하실 것이요"(요일 1:8-9). 여기, 서로 대조되는 두 개의 '만일'로 시작되는 문장이 있다. 하나는 우리가 죄인임을 부정할 때 오는 결과를, 다른 하나는 우리 죄를 자백할 때의 결과를 말한다. 만일 우리가 우리 죄를 부인한다면, 자신을 속이는 것이다. 반면 죄를 고백하면, 우리는 사함을 받는다. 그러므로 하나님이 주시는 죄 사함은 인간의 죄 고백이라는 조건을 전제로 한다. 이어서 '공동기도서'의 권고는 다음과 같이 이 진리를 강화한다. 우리는 "우리의 수많은 죄와 악함을 인정하고 고백해야 합니다. 그 죄를 사함**받기 위해서는**…전능하신 하나님, 우리의 하늘 아버지 앞에서 그 죄들을 숨기거나 은폐하지 말고 고백해야 합니다.…" 죄 사함은 죄 고백에 달려 있다.

우리는 이렇듯 많은 내용에 동의하고 있다. 우리는 정죄함을 받은 죄인들이다. 그러나 자비로우신 하나님은 예수 그리스도를 통해 우리에게 죄 사함을 베푸신다. 그러므로 우리는 우리 죄를 고백해야 한다. 그러나 어떻게 그리고 누구에게 고백해야 하는가? 이것이 우리의 질문이며, 서론 격의 대답은 앞에서 이미 한 셈일 수 있다. 위에서 다룬 세 가지 명제로부터 중요한 원리가 드러났기 때문이다. 우리는 그 세 가지가 서로 연결되어 있음을 보았다. 더욱이 고백은 죄와 죄 사함의 연결 고리다. 그 때문에 고백은 우리가 지은 죄 그리고 우리가 바라는 죄 사함과 연결지어서만 이해할 수 있다. 더 정확히 말하자면, 고백은 우리가 죄를 범한 사람**에게** 해야 하는 것이고, 우리는 그 사람**으로부터** 용서를 받아야 하고, 받고자 한다. 그러므로 우리 죄를 누구에게 고백하는 것이 적절한지, 하나님께 해야 할지 사람에게 해야 할지 판단하기 전에 먼저 두 가지 질문을 해야 한다. 첫째, 내가 그에게 죄를 지었는가? 그렇다면 그에게 내 죄를 고백해야 한다. 둘째, 그에게 용서할 권한이 있는가? 그렇다면 그에게 그렇게 해 달라고 구해야 한다.

이 원리를 적용해 보면 우리는 바로 세 가지 종류의 죄에 따른 세 가지 종류의 고백을 구별할 수 있다. 먼저, 하나님께 해야 하는 '은밀한 고백'이 있다. 하나님께만 범한 "은밀한 죄"(시 90:8)가 있기 때문이다. 그 다음에는 '사적인 고백'이 있다. 우리 죄 가운데 일부는 하나님뿐 아니라 인간에게도, 즉 한 개인이나 두세 사람에게 범한 죄여서 그 당사자에게 고백해야 하기 때문이다. 세 번째로, '공적인 고백'이 있다. 어떤 죄는 단체, 혹은 공동체나 지역 교회 회중 전체에게 범한 것이어서 공개적으로 고백해야 하기 때문이다.

이 책의 처음 세 장에서는 이 세 가지 종류의 고백이 지닌 성격과 필요성에 대해 논의할 것이다. 그러고 나서 나머지 두 장에서는 다음과 같은 질문을 다루게 될 것이다. 사제에게 하는 '비밀 고해'는 이러한 성경적 구조의 어디에 들어맞는 것인가?

1장
하나님께 하는 은밀한 고백

'고백하느냐' '고백하지 않느냐' 하는 딜레마는 누구나 한 번쯤 겪었을 법한 학창 시절의 고통스러운 기억을 떠올리게 한다. 학교 시설이 훼손되는 사건이 발생했다. 범인은 잡히지 않았다. 학생들은 모두 운동장에 나와 서 있다. "누가 이런 못된 짓을 했나?" 교장 선생님은 계속 반복해서 질문하신다. 긴장된 침묵이 흐른다. 한 학생이 의무와 두려움 사이에서 쓰라린 내면의 투쟁을 하고 있다. 결국 그가 자백을 함으로써 이 긴장은 사라진다.

학생들뿐 아니라 성인들도 하나님과의 관계에서 같은 투쟁을 하고 있다. 사실 이것은 사람이 맨 처음 하나님께 불순종하여 원래의 무죄한 상태에서 타락한 이후 줄곧 계속된 일이다. "아담과 그의 아내가 여호와 하나님의 낯을 피하여 동산 나무 사이에 숨은지라." 하나님이 아담을 부르시자 아담은 "내가…두려워하여 숨었나이다" 하고 말했다. 자신들의 벗었음을 자각한(의심할 여지없이, 육체적 수치심에 맞먹는 도덕적 수치심까지도) 아담과 하와는 "무화과나무 잎을 엮어 치마로 삼았[다]"(창 3:7-10). 그들의 순진함에 웃음밖에 나오지 않지만, 우리 역시 우리의 무화과나무 잎 치마가 있다. 우리 자신의 모습을 하나님께 숨기고 덮으려는 애처로운 시도들이 그것이다.

죄를 '숨기느냐' '고백하느냐' 하는 양자택일의 문제가 우리 앞에 놓여 있다. 잠언 28:13에는 이러한 문제가 매우 선명하게 나와 있다. "자기의 죄를 숨기는 자는 형통하지 못하나, 죄를 자복하고 버리는 자는 불쌍히 여김을 받으리라." 잠언서의 말씀이 자주 그렇듯이, 이 구절 역시 두 가지 반대되는 일련의 행동을 대조시킬 뿐만 아니라 그 각각의 행동의 결과도 대조시킨다. 자기 죄를 숨기는 자는 그 누구도 형통하지 못할 것이지만, 죄를 자복하는 사람은 불쌍히 여김을 받을 것이다. 중요한 것은 우리의 영적인 형통함이며, 하나님의 자비를 얻을 것이냐 잃을 것이냐 하는 것이라고 성경은 말한다. 우리들 대부분은 그리스도인으로서의 삶이 형통하지 못하다. 우리는 거의 혹은 전혀 성장하고 있지 못하다. 앞으로 나가지도 못하고 하나님의 자비하심을 누리고 있지도 못한 듯 보인다. 부분적으로 아니 전적으로 그 이유가, 하나님께 우리 죄를 은밀하게 고백하라는 이 성경의 분명한 가르침을 무시하기 때문이 아닌가?

죄를 숨기는 어리석음

죄를 숨기거나 덮으려는 행동은 믿지 않는 이들의 특징이다. 이들은 자신의 죄를 인정하지도 않고, 죄책감을 갖지도 않고, 죄의 위험성을 느끼지도 않는다. 그 결과 그들은 자비를 베푸시도록 하나님께 부르짖지도 않고, 죄로 인해 받아 마땅한 심판을 면하기 위해 예수 그리스도께로 피하지도 않는다. 사실 이런 구닥다리 표현들은 그들에게 아무런 의미도 없다. 이런 소리를 들으면 그저 비웃을 것이다. 그러나 그들의 상황은 그들이 인식하고 있는 것보다 훨씬 심각하다. "자기 죄를 숨기는 자는 형통하지 못한다." 그들은 멸망으로 인도하는 넓은 길 위에 서 있다.

그러나 이 구절이 그리스도인과는 상관없다고 생각해서는 안 된다. 이 구절은 그리스도인과도 상관이 있다. 우리에게도 역시 죄를 '숨기고자' 하는 일반적인 위험한 경향이 있다. 우리는 교회에 가서 다 함께 죄를 고백하는 시간에도 참여하고, 개인 기도 시간에 우리 죄를 뉘우치기도 한다. 그러나 우리의 말들은 공허한 울림일 뿐이다. 우리의 고백은 거의 형식적인 절차일 뿐이다. 진실은, 우리가 죄를 드러내기보다는 숨기려 한다는 것이다. 우리는 죄를 고백하고 죄에서 돌이켜 자비를 구하는 불편한 훈련에 대해 아는 바가 별로 없다. 또 그 훈련을 기꺼워하지 않는 우리 자신을 합리화하는 것은 어려운 일이 아니다.

어떤 사람들은 우리로 하여금, 죄를 고백한다는 개념은 병적인 것이며 건강하지 못한 것이라고 믿게 만든다. 그들은 "죄에 집중

하는 것은 건강에 매우 좋지 않은 것이다. 이는 죄책감에 시달리는 신경증 환자의 숫자만 늘릴 뿐이다"라고 말한다. 그렇다. 어떤 형태의 고백은 **건강하지 못하다**. 특히 오래 전에 고백하고, 내어 버리고, 사함을 받은 과거의 모습을 자꾸 들추어내고 있다면 말이다. 그러나 진실한 고백, 즉 하나님 앞에서 어제 혹은 지난 주간의 죄를 솔직하게 부끄러워하며 드러내는 것은 건강과 거리가 멀기는 커녕 영적 건강에 꼭 필요한 조건이다. 자기 죄를 숨기는 사람이야말로 건강하지 못한 사람이다. 그는 "형통하지 못할 것이다." 정직하지 못하다면 정신적·영적 건강은 있을 수 없다.

성경은 죄를 숨기려 하는 사람의 내면에서 일어나는 소용돌이를 생생하게 묘사해 준다. "내가 입을 열지 아니할 때에 종일 신음하므로 내 뼈가 쇠하였도다. 주의 손이 주야로 나를 누르시오니 내 진액이 빠져서 여름 가뭄에 마름같이 되었나이다. 내가 이르기를, 내 허물을 여호와께 자복하리라 하고 주께 내 죄를 아뢰고 내 죄악을 숨기지 아니하였더니 곧 주께서 내 죄악을 사하셨나이다"(시 32:3-5). 나 자신의 경험으로도 이런 말을 되풀이할 수 있다. 죄로 인해 하나님에게서 멀어졌는데도 죄를 뉘우치며 고백하지 않으려 하는 것과 비견할 만한 마음과 심령의 고통은 없다. 반대로 회개, 고백, 죄 사함을 통해 하나님과 사귐을 누리는 것과 같은 기쁨은 어디에도 없다.

또 어떤 사람들은 전혀 다른 이유에서 죄를 고백하지 않는다. 자신들은 그렇게 할 필요가 없다고 생각하는 것이다. 이들은 거룩에 대해 균형잡히지 않은 시각을 갖고 있다. 이들은 자신들이 완전한 수준에 도달했으므로 고백할 만한 것이 더 이상 없다고 생각한다. 이들에게 할 수 있는 말은, 예수님은 그들과 생각이 다르다는 것뿐이다. 예수님은 우리에게 "우리 죄를 사하여 주시옵고"라고 기도하라고 가르치셨다. 예수님은 분명 제자들에게 이런 간구가 필요없이 살 수 있는 때가 오리라고 기대하지 않으셨다. 이와 마찬가지로 성공회에서는, 아침 기도에서나 저녁 기도에서나 성찬례 때나 할 것 없이 예배로 모일 때마다 우리의 입술로 죄를 고백하도록 한다. 사실 하나님의 은혜로, 죄악 자체가 그리스도인의 양심과 기억을 더럽히지 않는 날들이 있을지도 모른다. 그러나 여전히 고백하지 못한 죄들이 있다. 어떤 사람도 마음과 목숨과 뜻과 힘을 다해 하나님을 사랑할 수 없기 때문이다. 또한 '우리 안에 성한 곳이 없습니다'라고 인정하듯이, 우리가 여전히 애통해해야 하는 우리의 타락한 본성의 오염과 부패가 있다.

그러나 또 다른 사람들, 곧 죄를 숨기고 스스로를 정당화하려는 필사적인 열망으로 가장 엉성한 가지를 붙잡으려는 이들은 성경의 어떤 한 주장에 의지한다. 그들은 이렇게 말한다. "우리는 죄를 숨기지 **않으면 안 된다**. 성경 자체가 "사랑은 허다한 죄를 덮느니라"라고 분명하게 가르치고 있기 때문이다. 이는 잠언서에 여러 번(10:12; 11:13; 17:9), 그리고 신약 성경에도 두 번(약 5:20; 벧전 4:8) 기록되어 있다는 것을 당신도 알고 있지 않은가? 당신이 하라는 식으로 죄를 들추어내는 것은 아주 잘못된 일이다." 나는 독자들이 이 말에 속을 것이라고 생각하지 않는다. 성경을 잘못 인용하는 것은 매우 쉽다. 사탄이 바로 그 일의 전문가다. 위의 구절들은 우리 앞에 놓인 주제와 아무 상관도 없다. 그 구절들이 가르치는 바는, 우리가 만약 진실로 다른 사람을 사랑한다면 그들의 죄를 덮고 싶으리라는 것이다. 우리는 그 죄들에 대해 험담을 하지도 않을 것이고, 그들의 죄를 드러내어 비난하거나 비웃지도 않을 것이다. 오히려 하나님이 사하시도록 그 죄를 그리스도 앞으로 가져가려 할 것이다. 이 구절들 가운데, 하나님께 우리 죄를 드러내 은밀한 고백을 하지 못하도록 우리를 설득할 만한 것은 아무것도 없다.

사실 이 모든 것은 피상적인 핑계들이다. 이런 것들은 우리가 하나님 앞에서 우리 죄를 숨기는 진짜 이유를 위장하고 있다. 사실 우리는 우리 자신에게조차 그 죄들을 숨기고 싶은 것이다. 우리는 있는 그대로의 우리 자신을 대면하여 보는 굴욕을 참을 수가 없다. 우리의 타고난 자존심이 그러하니 우리는 사실보다는 허구를 더 좋아한다. 우리는 스스로 창조해 낸 우리 자신에 대한 환상적인 이미지와 사랑에 빠져 있으며, 그 환상의 세계에서 벗어나고 싶어 하지 않는다. 참으로 덧없는 허영이다. 우리는 죄를 정직하게 드러내고 고백할 경우 우리에게 닥칠 일, 곧 우리의 자존감이 다치는 것을 견딜 수가 없다. 그래서 우리 자신에게도 하나님에게도 죄를 가리려 한다. 편안하게 안주하고 있는 상태를 방해받고 싶지가 않다. 그러나 죄를 드러내는 것이 아닌, 죄를 가리는 이것이야말로 건강하지 못한 것이다. 그러한 자기 기만은 영적 건강을 망가뜨린다. 정신적·영적 건강을 유지하는 데 가장 기초적인 법칙 중 하나가 자신에 대한 진실을 알고 그것을 인정하는 것이기 때문이다.

죄를 가리려는 어리석음은 과장할 필요도 없다. 이 세상에서나 다음 세상에서나, "자기 죄를 숨기는 자는 형통하지 못할 것이다."

먼저 이 세상의 경우, 아무리 우리 자신과 다른 사람들에게 죄를 숨기는 일에 성공했다 할지라도 하나님께 우리 죄를 숨길 수는 없다. 아담과 하와가 동산 나무 사이에 숨으려 했지만 여호와 하나님은 그곳에서 그들을 찾으셨다. 하나님은 우리가 생각하고 싶어 하는 그 모습이 아니라, 있는 모습 그대로의 우리를 아신다. 하나님은 우리의 은밀한 생각, 동기, 속임수를 아신다. 그분 앞에서는 모든 것이 벌거벗겨진 채로 드러난다. 성경은 하나님을 '마음을 아시는 분'이라 부른다. 따라서 우리는 하나님이 모르시는 것을 알려 드리기 위해 하나님께 죄를 고백하는 것이 아니라, 하나님이 이미 아시는 것을 '인정하고 비통해하기' 위해 죄를 고백하는 것이다.

그러나 하나님은 우리의 현재 모습에 대해서만 아시는 것이 아니다. 언젠가 우리의 있는 모습 그대로 아신 바 될 것이다. 이에 대해 좀 다른 방식으로 설명해 보자. 우리가 이생에서 우리 죄를 숨긴다면 그것들은 다음 생에서 드러나게 될 것이다. 심판 날은 스스로를 숨긴 위선자들에게 극심한 부끄러움의 시간이 될 것이라고 성경은 말한다. 그래서 예수님은 이렇게 말씀하셨다. "감추인 것이 드러나지 않을 것이 없고 숨긴 것이 알려지지 않을 것이 없나니, 이러므로 너희가 어두운 데서 말한 모든 것이 광명한 데서 들리고 너희가 골방에서 귀에 대고 말한 것이 지붕 위에서 전파되리라"(눅 12:2-3). 그 두려운 날, 우리는 어떤 비밀도 가질 수 없을 것이다. 우리의 죄, 이기심, 수치심은 있는 그대로 처절하게 노출될 것이다. 우리는 이런 노출과 그에 뒤따르는 심판을 피하기를 간절히 원하겠지만, '산들과 바위'에게 "우리 위에 떨어져 보좌에 앉으신 이의 얼굴에서와 그 어린양의 진노에서 우리를 가리라. 그 진노의 큰 날이 이르렀으니 누가 능히 서리요"라고 울부짖어도 우리는 심판을 피할 수 없다(계 6:16-17; 참고. 호 10:8; 눅 23:30).

"자기 죄를 숨기는 자는 형통하지 못할 것이다"라는 것은 이런 의미다. 지금까지 어떤 거짓도 성공하지 못했다. 죄를 숨기는 것은 영적인 파멸을 자초하는 일이다.

죄를 고백하는 지혜

형통을 잃는 길이 죄를 숨기는 것이라면, 자비를 얻는 길은 죄를 드러내는 것이다. 즉, 우리 죄를 비밀과 속임수의 어둠 속에서 끌어내어 하나님의 임재 앞에 꺼지지 않는 불 속으로 가져오는 것이다. 그렇게 하나님 앞에서 죄를 드러내면, 먼저 그 죄를 고백하고 그 다음 그 죄를 버리게 되어, 그 결과 우리는 자비를 얻을 수 있다. 이 두 가지 행위, 즉 죄를 고백하고 버리는 행위는 우리의 죄를 드러내야 하는 두 가지 목적을 밝혀 준다.

첫째, 우리는 하나님이 우리 죄를 용서하실 수 있도록 우리 죄를 드러내야 한다. 나는 이 장의 앞 부분에서 죄를 숨길 때의 고통을 생생하게 묘사해 준 시편 32편을 언급했다. 같은 시편에서는 "마음에 간사함이 없는" 사람의 기쁨을 묘사한다. 그는 자신을 속이지 않고 죄를 자복한다. 그러자 하나님이 그 죄를 사하신다. 즉, 그 죄를 '덮으신다.' 시편은 이 두 경험을 의도적으로 대조하며 언어유희를 사용하고 있다. 시편 기자는 이렇게 쓴다. "허물의 사함을 받고 자신의 죄가 가려진 자는 복이 있도다"(1절). 그리고 나서 이후에는 "주께 내 죄를 아뢰고 내 죄악을 숨기지 아니하였더니"(5절)라고 말한다. 여기서 '가려지다'와 '숨기다'라는 단어는 같은 히브리어 동사를 번역한 것이다. 이는 감춘다는 뜻의 '가리다'(cover)를 의미한다. 이는 옷으로 몸을 가린다고 할 때, 베일로 얼굴을 가린다고 할 때, 물이 땅을 덮는다고 할 때, 구름이 태양을 가린다고 할 때 사용되는 단어다. 시편 32편에서는 이 단어가 비유적으로 **사람**이 죄 고백을 거부하며 죄를 가리는 경우, 그리고 **하나님**이 자비로운 죄 사함으로 그들의 죄를 가리는 경우 모두에 다 나타난다.[1] 실제로, 두 가지 대안이 있다. 다윗이 자기 죄를 드러내자마자 하나님은 그 죄들을 덮으셨다. 하나님만이 우리의 고백으로 드러난 죄들을 그분의 사하심으로 덮으실 수 있기 때문이다. 그것은 우리 죄를 덮고자 하시는, 우리의 허물을 '완전히 가리시려는', 동이 서에서 먼 것처럼 그 죄들을 우리에게서 멀리 두시려는, 그 죄들을 그분의 등 뒤로 던져 버리시려는, 그것을 깊은 바다에 묻어 두시려는, 그것들을 다시는 기억하지 않으시려는 하나님의 사랑의 마음이다.[2] 이러한 죄 사함을 경험한 사람은 실로 얼마나 행복한가! 그 안전과 기쁨은 말로 다할 수 없다.

그러나 이렇게 죄를 덮는 것은 그분이 하시는 일이지, 우리가 할 일이 아니다. 어리석게도 어떤 사람들은 죄를 가리려 하고 잊으려 하지만, 그것들은 그들의 뇌리에서 떠나지 않는다. 하나님이 죄를 없애시기 위해 정하신 방식은, 곧 우리가 의도적으로 죄를 기억하고, 부끄러워하며, 그것을 공개적으로 드러내어 그분이 그 아들의 죽으심의 공로로 그 죄들을 덮으시는 것이다.

그러나 우리가 죄를 드러내야 하는 이유는 하나님이 그 죄들을 사하시도록 하기 위함만은 아니다. 그 죄들을 버리기 위해서이기도 하다. 죄를 고백하는 것과 버리는 것은 흔히 인식하는 것보다 더 밀접하게 관련되어 있다. 과거의 실패를 진지하게 다루지 못한다면 어떻게 앞으로 그것을 극복하리라 기대할 수 있겠는가?

현대 사회에서 그리스도인들을 둘러싼 최대의 덫 중 하나는 죄에 익숙해져 가는 경향이다. 이는 죄가 우리 본성에 깊이 뿌리 박혀 있어서거나, 마귀가 우리를 홀로 내버려두지 않기 때문이 아니라, '세상'의 영향, 무신론적이고 세속적인 사회의 압력이 심하게 잠식해 있기 때문이다. 우리가 무엇을 보든 그곳에는 죄가 자리잡고 있다. 신문, 라디오, 텔레비전, 광고판의 윤리 수준은 최대한 좋게 말해도 저급한 수준이다. 우리는 우리를 향한 이런 계속

되는 공격을 피할 수 없다. 도덕적으로 둔감해지는 일은 놀라울 정도로 쉽다. 또 우리 주위에 있는 악으로 인해 더 이상 상처도 받지 않고, 애통해하지도 않고, 충격을 받지도 않는 일 역시 놀라울 정도로 쉽다.

이렇게 도덕적으로 무감각해지는 과정에 대한 가장 확실한 해결책은, 말과 행동의 죄는 물론, 생각과 관점의 죄들도 드러내고 회개하며 버리는 훈련과 연습을 하는 것이다. 죄를 자복하며 죄사함과 깨끗하게 됨을 구하는 것으로는 충분하지 않다. 우리는 의도적으로 분명하고 명확하게 그 죄들을 버려야 한다. 이렇게 해야만 '끊임없이 붙어다니는 죄들'에 시달리지 않을 것이다. 우리가 하나님 앞에서 우리 죄들을 드러낼 때는 거기서 멈추는 것이 아니라 하나님과 죄 둘 다에 대해 계속해서 올바른 태도를 취하는 것이 중요하다. 우선, 우리는 하나님 앞에서 깊이 뉘우치는 마음으로 우리 자신을 낮추며 죄를 고백해야 한다. 그 다음 그 죄를 거부하고 물리침으로 그것을 버려야 한다. 이것이 신약 성경에 나오는 '죽이는 것'(mortification)이 의미하는 바의 중요한 한 부분이다. 그것은 죄에 대해 확고한 적대감의 태도를 갖는 것이다. 죄를 드러내는 것 자체만으로는 거의 의미가 없다. 그것은 하나님을 향한 겸손한 태도와, 죄에 대해 적대감을 갖는 것으로 이어져야만 한다. "여호와를 사랑하는 너희여, 악을 미워하라", "악을 미워하는 자를 야훼께서 사랑하시고"(시 97:10, 개역개정, 공동번역). 우리 죄를 신실하고 체계적으로 드러내고 고백할 때에야 악에 대한 이러한 거룩한 미움이 생겨날 것이다.

하나님께 고백하는 것이 정말로 필요한가

이 시점에서 고려해야 할 것은 이렇게 하나님께 은밀한 고백을 하는 것에 반대하는 두 가지 중요한 경우다. 첫 번째는 왜 우리가 **하나님께** 죄를 고백해야 하는가 하는 질문과 관련이 있다. "왜 내 모든 죄를 하나님께 고백해야 합니까?"라고 묻는 사람이 있다. "내가 가끔 다른 사람들을 불쾌하게 한다는 것은 인정합니다. 그러니 그들에게 사과를 해야겠지요. 그러나 이것이 하나님과 무슨 상관이 있습니까?" 이는 합리적인 반대로 들릴지 모른다. 그러나 우리가 이미 서론에서 대략 서술했듯이, 죄에 대한 성경의 견해를 받아들인다면 그럴 수 없다. 소극적이든 적극적이든 간에, 성경은 죄를 근본적으로 '불법'으로 본다. 이는 금지된 경계를 넘어서는 '위반', 즉 우리에게 어떤 권리도 없는 영역 속으로 '무단 침입'하는 것이며, '과녁을 맞추지 못하는 것', 즉 우리가 해야 하는 것을 하지 못하거나 우리가 되어야 하는 존재가 되지 못한 상태를 말한다. 어느 경우든, 즉 우리가 깨뜨렸든 도달하지 못했든 간에 여기에는 절대적인 도덕적 기준이 암시되어 있다. 그 도덕적 기준이 바로 하나님의 법이다. 그러므로 동료들을 미워하거나, 질투하거나, 그들에게 무례히 대하거나, 잔인했거나 함으로 죄를 범했다면, 우리는 하나님께도 죄를 범한 것이다. "네 이웃을 네 몸과 같이 사랑하라"라는 하나님의 지상 대계명을 위반한 것이기 때문이다.

이에 대한 가장 두드러진 예는 다윗이 밧세바와 관련해 범한 죄다. 이는 시편 51편 고백의 배경이 되는 상황이다. 다윗은 밧세바가 목욕하는 것을 보고 그녀의 아름다움에 매료되어서 그녀에 대한 강한 욕정을 느끼고 그녀를 취해 아이를 갖게 했다. 그리고 그녀의 남편은 전장에서 죽임을 당하도록 처리했다. 십계명의 마지막 다섯 계명을 차례차례 위반한 것이다. 탐욕을 품었고, 도둑질을 했으며, 간음을 저질렀고, 살인을 했다. 그런데 선지자 나단의 사역으로 회개하게 되었을 때 다윗은 이렇게 울부짖는다. "내가 주께만 범죄하여 주의 목전에 악을 행하였사오니." 이는 그가 밧세바에게 죄를 범했다는 것, 그녀의 남편에게 죄를 범했다는 것, 자신이 통치하는 나라 전체에게 죄를 범했다는 것을 부인하는 것이 아니다. 오히려 모든 죄는 다른 무엇보다도 하나님의 거룩한 법을 위반하는 것임을 인식한 것이다.

그러므로 진실한 고백은, 내가 죄를 범했음을 인정하는 것일 뿐 아니라 **하나님께** 죄를 범했음을 인정하는 것이다. '공동기도서'의 편찬자는 이를 분명히 알고 있었고 우리가 교회에서 죄를 고백할 때 이 사실을 인정하도록 한다. "우리는 길 잃은 양처럼 **당신의 길에서**…벗어났습니다.…우리는 자주 **당신의 거룩한 법**을 범합니다.…우리는 우리의 여러 가지 죄와 사악함을 인정하고 애통해합니다. 때때로 우리는 생각과 말과 행동으로 **당신의 위엄**에 맞서는 가장 극심한 죄를 범합니다." 이런 점에서 우리는 하나님의 권위에 반역하고 그분의 법을 위반한 "비참한 범죄자들"이기 때문이다. 그러므로 "그분이 우리를 향해 진노하시며 분노를 발하시는 것은 너무나 정당하다." "우리는 그분에게 죄를 범했다. 그러므로 우리는 바로 그분의 사함을 바라야 한다"라고 블링거(Bullinger)는 썼다.[3] 그러니 그분께 우리 죄를 고백해야 한다.

그러나 두 번째 반대자는 이제 이렇게 말한다. "무슨 말입니까? 고백이 죄 사함의 조건이라도 된다는 말입니까? 내가 알기로는 우리는 '믿음으로만 의롭게 됩니다.' 당신은 구원의 다른 조건을 덧붙임으로써 '솔라 피데'라는 종교개혁의 원리를 파괴하는 잘못을 범하는 것 아닙니까?" 이는 고려해야 할 중요한 주장이지만, 대답하기가 어렵지는 않다. 의롭게 되는 일은 실제로 믿음으로만 가능하다. 그것은 죄인이 믿음으로 그리스도를 자신의 구원자로 받아들일 때, 그리스도가 그 죄인의 죄를 위해 죽으셨다는 사실을 근거로만 하나님이 그 죄인을 용납하시는 것이다. 그러나 먼저 자신의 필요를 인정하지 않는 사람은 그리스도를 믿을 수 없다. 그리고 우리에게 그리스도의 구원이 필요하다는 것은 우리의 죄와 정죄함을 볼 때 알 수 있는 사실이다. 이 때문에 성경과 '공동기도서'에서는 회개와 믿음이 짝이 되어 나오는 것이다. "회개하고 복음을 믿으라"라는 것이 예수님과 그분의 사도들의 메시지였다.[4] 죄 사함은 "진정으로 회개하고 거짓 없이 그분의 거룩한 복음을 믿는" 이들에게 주어진다(사죄 선언). 구원을 얻기 위해 예수 그리스도께로 전폭적으로 돌아서는 일은 죄에 대한 인정과 포기 선언을 전제로 한다. 그리고 고백은 그저 회개의 한 부분이다. 우리는 잠언 28:13에서 '자복과 버리는 것'이 서로 연결되어 있음을 이미 보았다. 마찬가지로 교회에서 함께 고백을 할 때 우리는 이렇게 기도한다. "오, 하나님, 자기 잘못을 **고백하는** 이들을 보호해 주소서. **참회하는** 이들을 회복시켜 주소서." 성경과 '공동기도서'는, "겸손히 낮아져서 참회하고 순종하는 마음"(권고문)의 표현 없이, 말로만 하는 형식적인 고백에 대해서 말하는 것이 아니다.

이와 관련해 성경에서 '고백'이라는 단어를 사용하는 두 가지 경우에 대해 이야기해야겠다. 첫 번째는 죄 고백이고, 두 번째는 하나님과 예수 그리스도를 믿는다는 고백이다. 종종 이 둘은 완전히 따로 독립적으로 나오지만[5] 가끔은 의미 심장하게 연결되어 있다.[6] 찰스 바이버(Charles Biber)가 썼듯이 "이는 하나의 같은 혁명의 두 가지 측면이다. 실로 예수 그리스도는 죄를 사하기 위해 오셨기 때문이다."[7] 그리스도인이 자신의 구세주를 생각하지 않고 죄에 대해 생각하는 것은 상상할 수도 없는 일이다. 죄에 대한 겸손한 고백은 구세주에 대한 감사의 고백으로 이어진다. 그러므로 죄 고백은 구원의 추가적인 조건이 아니다. 그것은 그 자체로 그리스도에 대한 진정한 믿음의 필수 불가결한 부분이다.

실제적인 권고

죄 고백의 필요성에 대한 이러한 분명한 성경의 가르침에 비추어, 나는 우리가 이것을 좀더 심각하게 다루고 이를 위해 좀더 훈련해야 한다고 강하게 권고하고자 한다. 특별히 그리스도인의 죄 고백은 즉각적이고 자세해야 한다.

　죄를 지었다는 사실을 알았는데 고백하지 않고 다음 주일이나 성찬례 때까지, 혹은 저녁 기도 시간까지 기다려야 한다고 생각하는 것은 큰 실수다. 사도 바울은 벨릭스 앞에서 "나도 하나님과 사람에 대하여 항상 양심에 거리낌이 없기를 힘쓰나이다"(행 24:16)라고 단언했다. 우리도 이와 같은 양심을 가져야 한다. 하나님께 범한 죄든 사람들에게 범한 죄든 간에 어떤 죄가 양심에 다가오는 순간, 우리는 그것을 고백해야 한다. 이것이 "빛 가운데 행하는"(요일 1:7) 것이다. 이는 우리와 하나님 사이 혹은 우리 동료들과의 사이에 어떤 장벽도 없이, 천장이나 벽이 없는 집에 사는 것으로 묘사되곤 한다. 우리 양심을 조작하는 일 혹은 양심에 부담을 갖고 있는 불쾌한 상황이 지속되도록 내버려두는 일은 아주 심각한 것이다. 이웃에게 죄를 짓는 순간 우리는 그 잘못에 대해 사과해야 한다. 하나님의 얼굴이 흐릿해지고 우리가 그분과 소원해졌음을 의식하자마자 우리는 조용히 떠나서 우리 죄를 드러내고, 고백하고, 버려야 한다. 크랜머(Cranmer) 대주교의 채플린인 토마스 비컨(Thomas Becon) 사제는 이렇게 말했다. "모든 그리스도인은 매일 매시간 하나님께 이런 고백을 드려야 한다. 계속해서 자신의 죄를 인식해야 한다는 것이다."[8] 이는 계속해서 그리스도 안에 거하기 위한 필수 불가결한 조건이다.

　또한 우리의 고백은 자세해야 한다. 여러 가지를 조금씩 고백하는 것으로는 충분하지 않다. "오, 하나님, 죄를 지어 죄송합니다.

아멘." 이러한 일반적인 고백은 교회의 공예배 시에는 적절할지도 모른다. 그러나 개인적인 경건의 시간에 드리는 우리의 고백은 구체적인 것이어야 한다. 죄 사함에 대한 성경의 약속은 복수 형태의 '죄들'을 고백하는 이들에게 주어진 것이다(요일 1:9). 나는 이것이 성경을 읽은 후에 항상 잇따르는, 하나님의 말씀에 대한 우리의 반응이어야 한다고 믿는다. 성경은 하나님이 어떤 분이신지를 보여 줌으로 우리로 예배하고 믿음을 갖도록 하기도 하며, 인간의 죄를 보여 줌으로 회개하고 자복하게 하기도 하기 때문이다. 오늘 아침에 읽은 본문에는 어떤 죄가 나와 있는가? 그것이 무엇이든 그것은 우리 마음속에 도사리고 있다. 그러다 만약 그것이 죄된 생각, 말, 행동으로 분출된다면 우리는 그것들을 고백해야 한다. 구체적인 고백을 해야 하는 또 다른 시간은 저녁 시간이다. 우리는 매일 저녁, 하루를 돌아보며 하나님의 자비하심을 기억하고 '그분이 주신 은혜를 잊지 않고' 그것들 하나하나에 대해 감사하지 않는가? 마찬가지로 하루를 돌아보며, 성령께 우리를 살피사 우리 죄를 기억나게 해주시도록 구하며 하나님 앞에서 겸손하게 우리 죄들을 하나하나 드러내야 한다. 그러나 죄를 발견해서 드러내는 것 자체가 목적이라면 이는 병적인 자기 성찰이라고 나는 다시 주장하려 한다. 회개하고 즉시 죄에서 돌아서서 믿음으로 예수 그리스도를 바라보지 않고 우리의 사악한 마음속으로 들어가거나 과거의 죄들로 돌아가서는 안 된다. 우리 죄를 드러내는 목적은, 먼저 그리스도의 보혈로 깨끗하게 되기를 구하면서 그 죄를 고백하기 위함이며, 그 다음 그것을 극복할 은혜를 구하면서 그것들을 버리기 위함이다.

자세한 고백을 해야 하는 또 다른 시간은 성찬례 전과 성찬례 때이다. 이때 우리는 특별한 방식으로 그리스도의 죽음을 통한 죄 사함을 구하게 된다(고전 11:28, 31). '첫 번째, 세 번째 권고의 말씀'은 그 전에 "하나님의 명령이 정한 규칙에 따라"(참고. 롬 3:20) 스스로를 살펴야 한다고 권한다. 우리는 십계명 낭독을 들을 때 공개적으로 이런 자기 점검을 계속한다. 먼저 각각의 계명을 위반한 것에 대해 고백하고("주님, 우리에게 자비를 베푸사") 그 다음 앞으로 그 계명에 순종하도록 은혜를 구한다("우리 마음이 이 율법을 따르도록 해주소서"). 성찬례 때 이러한 십계명 낭송이 생략된다면 슬픈 날이 될 것이다.

이렇게 죄를 즉각적으로 자세하게 고백하고 버리는 일은 모든 그리스도인에게 필요하다. 이는 정직 대 위선의 문제다. 죄를 드러내는 것은 고통스럽고 치욕스러운 일이다. 이는 우리로 하나님 앞에 낮아져 무릎을 꿇게 한다. 그러나 우리가 자비를 얻고자 한다면, 과거의 죄를 사함 받고 앞으로의 삶을 위한 능력을 얻고자 한다면 다른 길은 없다. 단언하건대 우리는 결코 죄를 가볍게 여기거나 하나님의 자비를 이용해서는 안 된다.

그룹 토론 문제

1. 그리스도인들이 은밀한 고백을 실천하는 면에서 게을러지는 경향이 있는 이유는 무엇인가?
2. 당신은 건강한 성찰과 건강하지 못한 성찰을 어떻게 구분하겠는가?
3. 하나님께 은밀한 고백을 하는 일을 더 성실하게 하기 위해 또 그것이 훈련이 되게 하기 위해 당신은 어떤 구체적인 실천을 하겠는가?

2장
피해 당사자에게 하는 사적인 고백

우리는 지금까지 하나님께 은밀하게 죄를 고백해야 할 필요성에 대해 검토했다. 우리는 하나님께 죄를 범했으므로, 하나님이 죄를 사해 주시기를 바란다면 하나님께 죄를 고백해야 한다. 이는 명백한 일이다. 그러나 동료 인간들에게도 죄를 고백해야 한다는 것에는 어떤 성경적 근거가 있는가? 그렇다. 그렇게 해야 한다는 성경적 근거가 있다. 모든 악행은 하나님께 죄를 범한 것이지만 그중 일부는 인간에게도 범한 죄다. 그리고 하나님께도 인간에게도 죄를 범했다면, 둘 다에게 죄를 고백하고 둘 다에게 용서를 구해야 한다. 우리는 피해를 입은 쪽에게, 탕자가 자기 아버지에게 한 것처럼 "내가 하늘과 **아버지께** 죄를 지었사오니"(눅 15:18, 21)라고 말해야 한다. 원리는 분명하다. 윌리엄 틴데일(William Tyndale)이 우리를 위해 그 원리를 말해 주었다. "한 사람이 누군가에게 잘못을 했다면, 바로 그 사람에게 죄를 고백해야 한다."[1] 우리는 우리가 죄를 범한 사람에게 용서를 구해야 한다. 우리가 용서를 구해야 할 바로 그 사람에게 죄를 고백해야 한다.

실제로 성경은 동료 인간들과 올바른 관계를 맺는 것이 중요하다는 사실을 강조한다. 그 관계가 없이는 하나님과의 바른 관계가 불가능하다고 가르친다. 주전 7세기와 8세기의 히브리 선지자들은 이 주제를 반복해서 다루었다. 하나님께 예배를 드리러 나아오는 자들이 사람들 앞에서는 부도덕하고 불의한 삶을 살고 있다면, 하나님께 드리는 희생 제사는 쓸모없을 뿐 아니라 확실히 하나님을 역겹게 하는 일이었다. "헛된 제물을 다시 가져오지 말라. 분향은 내가 가증히 여기는 바요,⋯내 마음이 너희의 월삭과 정한 절기를 싫어하나니⋯너희가 손을 펼 때에 내가 내 눈을 너희에게서 가리고, 너희가 많이 기도할지라도 내가 듣지 아니하리니, 이는 너희의 손에 피가 가득함이라. 너희는 스스로 씻으며 스스로 깨끗하게 하여 내 목전에서 너희 악한 행실을 버리며 행악을 그치고, 선행을 배우며 정의를 구하며 고아를 위하여 신원하며 과부를 위하여 변호하라"(사 1:13-17).[2]

동료 인간들과의 올바른 관계가 하나님의 백성에게 꼭 필요하다면, 이런 관계가 잘못되어 망가질 때 무엇을 해야겠는가? 이에 대해서는 고백, 배상, 꾸짖음이라는 세 가지 의무로 나누어 보는 것이 도움이 될 것 같다.

고백

이웃에게 죄를 범했다면 그 이웃에게 죄를 고백하고 그의 용서를 구해야 한다. 이는 쉬운 일처럼 들리지만, 누군가에게 미안하다고 말하며 사과를 하는 것만 해도 얼마나 많은 대가를 치러야 하는 일인지 우리 모두 경험으로 알고 있다. 그것은 보기 드문 그리스도인의 미덕이다. 20세기 미국의 유명한 전도자 D. L. 무디(Moody)가 그것을 보여 주었다. 나는 최근에 나온 그의 전기를 읽으며 다른 무엇보다 그 모습에 감동을 받았다. 나에게 감동을 준 두 가지 이야기는 이것이다. 매사추세츠 주 노스필드의 집에서 살던 젊은 시절, 무디는 영국에서 감탄해 마지 않던 그런 잔디밭을 갖고 싶은 마음이 간절했다. 그러나 어느 날 그의 두 아들 폴과 윌이 마구간에 있던 말들을 풀어 놓았고, 그 말들은 그가 애지중지하던 잔디밭으로 내달려서 잔디밭을 다 망쳐 놓았다. 무디는 아이들에게 화를 냈다. 그러나 그날 밤 아이들에게 결코 잊을 수 없는 일이 일어났다. 아이들이 잠자리에 든 이후였다. 아이들은 아버지의 묵직한 발소리가 다가와 그들의 방 문을 여는 소리를 들었다. 그러더니 아버지는 아이들의 이마에 무거운 손을 얹고 이렇게 말했다. "나를 용서해 주었으면 좋겠다. 그리스도께서는 그렇게 가르치시지 않았는데…."[3]

또 한 번은 한 신학생이 설교를 하는 그를 방해하자 무디가 짜증을 내며 날카롭게 쏘아붙였다. 설교가 끝나갈 무렵 어떤 일이 일어났는지 J. C. 폴락(Pollock)은 이렇게 묘사한다. "설교가 끝부분에 이를 즈음 그는 잠시 멈추더니 이렇게 말했다. '여러분, 이 모임을 시작할 때 제가 큰 실수를 한 것에 대해 여러분 앞에서 고백하고 싶습니다. 저는 저기 아래에 있는 저의 형제에게 바보 같은 대답을 했습니다. 하나님께 용서를 구합니다. 그리고 **그에게** 용서를 구합니다.' 그리고 어떤 일이 있었는지 사람들이 눈치 채기도 전에, 이 세상의 가장 유명한 전도자가 연단을 내려와 중요하지도 않은 익명의 청년에게로 달려가 그의 손을 잡았다. 다른 참석자가 말했듯이, '철인 같은 그 사람이 이 땅의 말 중에서 가장 힘든 말인 **미안합니다**라는 말에 통달해 있음을 보여 주었다.'" 다른 누군가는 이를 "내가 본 무디가 한 일 중 최고의 일"이라 불렀다.[4]

아마도 여기에서 한 가지 주의 사항에 대해 써야 할 것 같다. 생각이든, 말이든, 행동이든 모든 죄는 하나님께 고백해야 한다. 그분은 그 모든 것을 아시기 때문이다. "여호와여, 주께서 나를 살펴보셨으므로 나를 아시나이다. 주께서 나의 앉고 일어섬을 아시고, 멀리서도 나의 **생각**을 밝히 아시오며, 나의 모든 길과 내가 눕는 것을 살펴보셨으므로 나의 모든 **행위**를 익히 아시오니, 여호와여, 내 혀의 **말**을 알지 못하시는 것이 하나도 없으시니이다"(시 139:1-4). 그러나 인간은 하나님처럼 전지하지 않다는 사실을 기억해야 한다. 사람들은 우리 말을 듣고 우리의 행위를 보지만 우리 내면의 생각을 읽을 수는 없다. 그러므로 우리가 동료 인간들에게 고백해야 하는 것은 말과 행동으로 나타나는 사회적인 죄이지, 그들에 대해 품을 수 있는 죄된 생각들이 아니다. 이 문제에서 일부 열성적인 신자들은 마음을 열고 정직하고 싶은 마음에서 너무 멀리 나간다. "당신에게 무례하게 한 것에 대해 사과합니다" 혹은 "당신 앞에서 으스댄 것에 대해 사과합니다"와 같은 고백은 올바른 것이다. 그러나 "하루종일 당신을 질투하는 마음을 가진 것에 대해 죄송합니다"와 같은 것은 그렇지 않다. 이런 고백은 도움이 되기는커녕 상대방을 당황스럽게 할 뿐이다. 어떤 죄가 마음속에만 있고 말이나 행동으로 분출되지 않는다면 그 죄는 하나님께만 고백해야 한다. 예수님의 가르침에 따르면 "음욕을 품고 여자를 보는 자마다 마음에 이미 간음"(마 5:28)했다는 것이 사실이다. 그러나 이것은 하나님이 보시기에 간음을 한 것이므로 하나님께 그 죄를 고백해야지, 그 여인에게 해야 하는 것이 아니다. 은밀한 죄는 은밀하게 (하나님께) 고백해야 하고, 사적인 죄는 사적으로 (피해를 당한 쪽에) 고백해야 하는 것이 규칙이다.

그러한 사적인 고백에 대한 신약 성경의 분명한 가르침은 우리 주님이 산상수훈에서 직접 말씀하셨다. "예물을 제단에 드리려다가 거기서 네 형제에게 원망 들을 만한 일이 있는 것이 생각나거든, 예물을 제단 앞에 두고 먼저 가서 형제와 화목하고 그 후에 와서 예물을 드리라"(마 5:23-24). 상황은 명백하다. 교회에 가고 있는데 그렇게 가는 중에 갑자기 우리에게 불만을 갖고 있는 누군가가 생각난다. 그가 우리에게 잘못을 한 것이 아니라 우리가 그에게 잘못을 한 것이다. 이에 대한 예수님의 가르침은 분명하다. 어떤 죄가 마음에 떠올라 양심에 부담이 될 때 그냥 교회에 가는 것은 아무 소용도 없다. 어떤 한 형제와 등지고 있다면 우리는 하나님께 가까이 나아갈 수 없다. 명령은 "먼저 가서…그 후에 와서…"이다. 먼저 "형제와 화목하고"('그의 용서를 구하라'는 의미다) 나서야 그 제물이 하나님이 받으시기에 합당한 제물이 될 것이다.

'공동기도서'는 이를 "이웃에 대한 사랑과 자비로운 마음으로" 해야 한다고 거듭 강조한다. 이것은 성찬례에 참여하기 위한 필수불가결한 조건이다. "하나님뿐만 아니라 이웃에게 범한 잘못을 감지했다면, 그들과 화해해야 한다."(첫 번째 권고) 이와 마찬가지로 '병자 방문 예식'에 따르면, 사역자는 환자가 "온 세상에 대해 긍휼의 마음을 갖고 있는지" 잘 살펴서 "마음 깊숙한 곳으로부터 그에게 죄를 범한 모든 사람을 용서하도록 권하고, 그가 혹 다른 누군가에게 죄를 범했다면 그들에게 용서를 구하도록 해야 한다.…"

이 시점에서 성 야고보의 명령을 언급하는 것이 적절할 듯하다. "너희 죄를 서로 고백하며, 병이 낫기를 위하여 서로 기도하라"(5:16). 여기에는 사제에게 비밀 고해 같은 것을 하라는 어떤 언급도 없는 것이 분명하다. 1582년의 랭스 신약 성경은 병든 자들이 찾아가야 할 "교회의 장로"(14절)를 '사제들'로 표기하는 오류를 범하긴 했지만 말이다! 주석가들이 올바르게 지적했듯이, 이 구절이 비밀 고해를 의미하고 있다면 참회자가 사제에게 죄를 고백하듯 사제도 그 참회자에게 죄를 고백해야 한다. 그 고백은 '서로'에게 하는 상호적인 것이었기 때문이다.[5] 그러나 나는 이 구절에 그런 형식의 상호적인 고백이나, 은밀한 죄에 대한 사적인 고백에 대한 언급은 없다고 생각한다. 성경의 원리는 줄곧 '죄 고백'은 죄를 범한 당사자에게 하는 것이기 때문이다. 따라서 사람에게 범한 죄는 하나님과 사람 둘 다에게 죄를 범한 것이므로 둘 다에게 고백해야 한다. 그러나 하나님께 범한 죄는 하나님께만 **고백하는** 것이지 사람에게 하는 것이 아니다. 16세기 스위스의 위대한 신학자 하인리히 블링거의 해석, 곧 이 구절을 '서로에게 상호적으로 죄를 범한' 이들에게 그 죄를 서로에게 고백하라는 명령으로 해석한 것은 확실히 옳았다.[6] 다른 동료 인간들과의 관계 단절이 육체적인 치유를 방해할 수 있다는 것도 이 상황에 들어맞는다.

배상

진정한 회개는 종종 배상을 수반한다. 사실 하나님께 범한 죄의 경우, 어떤 배상도 불가능하다. 우리 죄를 위한 하나님의 아들의 죽음을 근거로 그분이 우리의 모든 허물을 값없이 완전하게 제거하신다는 사실 앞에 그분께 경배를 드릴 수 있을 뿐이다. 그러나 인간에게 범한 일부 죄의 경우 배상을 할 수 있고, 우리가 그렇게 할 수 있다면 그렇게 해야 한다.

이런 개념은 중세 시대에 이르러 소위 '고해 성사'(sacrament of penance)라 불리는 것으로 인해 아주 혼란스러워졌으므로, 우리는 종교개혁이 가져온 변화들을 잘 이해하는 것이 필요하다. 「옥스퍼드 기독교 사전」(*Oxford Dictionary of the Christian Church*)

에 나오는 '고해'(penance)에 대한 해설에 따르면, 이에 대한 초기 역사에 대해서는 "알려진 바가 거의 없다". 그러나 처음에는 고해가 사적이기보다는 공개적으로 이루어졌음이 분명한 듯하다. '대참회 예배'(commination service: 사순절을 시작하는 예식으로 죄인을 향한 하나님의 진노를 선언함—편집자 주)는 다음과 같은 말로 시작된다. "초대교회에는 한 가지 경건한 징계법이 있었습니다. 사순절이 시작되면 매우 악한 죄를 저지른 사람들로 하여금 공개적인 고해를 행하도록 하였던 것입니다." 다시 말해, 공개적인 고해는 명백히 드러난 죄에 대한 형벌이었다. 이러한 '참회자들'은 기도, 금식, 자선을 행하게 하는 강력한 징계의 기간을 거친 후 다시 성찬을 받을 수 있었다. 후커(Hooker)가 지적했듯이 "과거에는 공개적인 죄를 범한 사람들을 공개 참회, 특히 고백의 벌에 처함으로써 그들을 고쳤다. 그들은 자신의 범죄를 온 교회가 듣는 데서 시인해야 했다.…"[7] 후커는 계속해서 설명한다. 그러한 "공개적인 고백이 일반 교인들의 안전에 해롭고 위험한 것이 되고…오히려 하나님의 교회의 적들에게 유리해지자,"[8] 그것은 점점 사적인 고백의 형태로 대체되었다는 것이다. 그러나 그렇게 행한 목적은 사죄 선언이 아니라 징계와 관련되어 있었다. 5세기경 '참회서'가 출판되었는데, 여기에는 죄들의 목록과 함께 각 죄들에 해당하는 적절한 고해 행위가 실려 있었다. 1215년에 열린 제4차 라테란 공의회는 모든 그리스도인이 1년에 한 번 이상 고해성사와 보상을 하도록 의무화했다.

중세 시대의 신학자들은 이에서 더 나아가 정교한 고해 성사 형식을 발전시켰다. 이는 통회(contrition), 고백(confession), 보상(보속, satisfaction)이라는 세 부분으로 이루어져 있었다. 이 중에서 마지막 것이 지금 우리가 논의하고 있는 것과 관련이 있다. 여기서 '보상'은 죄의 결과를 바로잡는 것, 즉 피해자에게 배상을 하는 행위로 여겨졌기 때문이다. 신학자들은 죄인이 하나님께 자신의 죄에 대한 보상을 할 수 있고, 해야 한다고 가르쳤다. 이들은 죄에 대한 '쿨파'(culpa, 죄책)와 죄에 대한 '포에나'(poena, 형벌)를 구분했다. 이들은 그리스도께서 십자가에서 이루신 보상이 참회자를 죄의 '쿨파'로부터 구원하는 데는 충분하지만, '포에나'를 면제하지 않는다는 점에 동의했다. '영원한' 포에나는 죄인의 고해를 통해 없어지고, '잠정적인' 포에나는 면죄부를 사서 면죄를 받지 않으면 불타는 연옥에서 고통을 당함으로써만 다 갚을 수 있었다.

종교개혁자들은, 이런 끔찍한 교리는 그리스도의 죽음을 경멸하는 것이라고 강하게 공격했다. 죄로 인한 모든 결과는 그리스도의 죽으심으로 다 제거되었다고 그들은 주장했다. 라티머(Latimer)는 탁월한 설교 중 하나에서 "하나님은 죄책과 죄로 인한 고통 모두를 사해 주셨습니다"라고 외쳤다.[9] 크랜머의 '성별의 기도'(prayer of consecration)는 이렇게 말한다. 그리스도께서는 십자가에서 "(자기 자신을 한 번 제물로 바침으로) 온 세상의 죄에 대한 온전하고 완벽하고 충분한 희생이자, 제물이자, 보상이 되셨습니다." 31번째 조항은 이렇게 덧붙인다. "그리고 이 밖에는 죄를 보상할 어떤 것도 없다."[10]

　종교개혁자들은, 죄인들이 자신들의 죄에 대해 하나님께 어떤 보상을 할 수 있다는 것, 또 그리스도께서 자신의 죽으심으로 그 일을 온전하고 최종적으로 이루신 이후에도 그것이 필요하다는 것을 부정하면서, 두 가지 점을 들어 중세의 보상 개념을 물리쳤다. 첫째, 그들은 참회하는 신자의 삶에 필요한 것으로서 선행과 고해에 반대하여, 진정한 '참회'를 강조했다. 참회하는 신자는 하나님께 자신의 죄에 대한 '배상을 할' 수는 없다. 단지 '자신의 삶을 바로잡을' 수 있고 바로잡아야 한다. 그의 선행은 그에게 '공로'가 아니다. 선행이 '죄를 없앨 수는 없으며' 죄인을 구원할 수도 없다. "그러나 선행은 그리스도 안에서 하나님을 기쁘게 해 드리고 용납될 수 있으며, 참되고 살아 있는 신앙에게서는 반드시 나타나는 것이기도 하다."(제12조, 선행에 관하여) 그들은 하나님을 기쁘시게 한다는 의미에서만 하나님께 '보상'을 할 수 있다고 말할 수 있을 것이다. 이는 그들이 죄 값을 지불했거나 그분의 마음에 들었기 때문에 일어나는 일이 아니다. 마찬가지로 기독교 신자는 고난의 삶으로 부름받지만 그의 고난은 그리스도의 고난같이 구속을 이룰 수 있는 요소를 갖고 있지 않다. 그 고난에는 그 안에서 거룩, 겸손, 믿음, 인내를 키워 가는 능력이 있을 뿐이다.

　둘째, 종교개혁자들은 하나님께는 죄에 대한 어떤 보상도 할 수 없지만, 개인적이든 집단적이든 인간들에게 범한 죄의 경우는 전혀 다르다는 것에 충분히 동의한다. 그들은 공개적인 고백과 고해와 함께 교회의 징계가 회복되기를 원했다. 쥬얼(Jewel)은 「변증에 대한 옹호」[*Defence of the Apology*: 자신의 책 「성공회에 대한 변증」(*Apology of Church of England*)에 대한 비판에 응답한 글—편집자 주]에서 그것은 "교회를 위한 보상에 꼭 필요한 것"[11]이라고 촉구했다. 또한 그들은 피해를 입은 형제에게 보상, 즉 피해 배상을 해야 할 필요성을 강조했다. "그에게 배상 혹은 보상을 해주어야 한다. 혹은 그렇게 할 수 없다면 적어도 그에게 용서를 구해야 한다."[12] '공동기도서'에도 동일한 요건이 포함되어 있다. "다른 누군가에게 행한 악한 행동이나 상처 모두에 대해 힘이 닿는 대로 배상과 보상을 할 준비를 하고 그들(즉, 당신이 피해를 입힌 이웃)과 화해를 해야 한다."(성찬례, 첫 번째 권고) 또 앞에서 보았듯이 '병자 방문 예식'에서도 사역자는 환자들에게 다른 이들을 용서하고 그들의 용서를 구하라고 권고할 뿐 아니라, "다른 누군가에게 상처를 입히거나 잘못을 저질렀다면 힘 닿는 대로 배상을 해야 한다"라고 권한다.

'공동기도서'의 이런 강조점은 철저하게 성경적이다. 우리는 모세오경에서 이미 배상이 요구되는 것을 본다. "남자나 여자나 사람들이 범하는 죄를 범하여 여호와께 거역함으로 죄를 지으면 그 지은 죄를 자복하고 그 죄 값을 온전히 갚되 오분의 일을 더하여 그가 죄를 지었던 그 사람에게 돌려줄 것이요"(민 5:5-7). 속죄제와 속건제의 주요한 차이가 여기 나와 있는 듯하다. 속건제는 사회적인 죄에 대한 하나님의 대비책으로, 배상이 수반되어야 했다. "이는 죄를 범하였고 죄가 있는 자니 그 훔친 것이나 착취한 것이나 맡은 것이나 잃은 물건을 주운 것이나 그 거짓 맹세한 모든 물건을 돌려보내되 곧 오분의 일을 더하여 돌려보낼 것이니 그 죄가 드러나는 날에 그 임자에게 줄 것이요"(레 6:4-5).

신약 성경에서는 여리고의 부정직한 세리 삭개오가[13] 배상을 한 것이 가장 두드러진 예로 눈에 띈다. 예수께서 그의 집에 구원을 베푸셨을 때 그는 자기가 빼앗은 돈에 대해 율법이 정한 대로 오분의 일을 덧붙여 돌려주는 데 만족하지 못했다. 그는 백성들에게서 사취한 돈의 **네 배**를 갚겠다고 주께 약속했다. 그리고 그 이상도 하겠다고 말했다. 자기가 미처 찾아내지 못해서 되갚을 수 없는 불행한 사람들이 많을 것이기 때문에 그에 상응하는 일을 하겠다고 했다. "주여, 보시옵소서. 내 소유의 절반을 가난한 자들에게 주겠사오며…" 그는 이런 식으로 "자신이 상처를 입혔거나 잘못을 한 이들 모두에게 보상을" 하려 했다.[14] 하나님을 대하는 그의 마음은 진심이었다. 그는 예수님을 통해 새로운 삶을 시작하고 있었다. 그는 계속 이렇게 돈을 벌며 살아가다가는 평생 동안의 부정직을 결코 용서받을 수 없으리라는 것을 아주 잘 알고 있었다.

이러한 도덕적인 이슈는, 모세 시대나 예수님이 사역하시는 동안에도 존재했듯 오늘날에도 여전히 존재한다. 하나님뿐 아니라 인간에게도 범한 죄들은 피해를 입은 자들에게 우리가 할 수 있는 최선을 다해 배상하지 않으면 결코 용서받을 수 없다. 빼앗은 돈이나 재산을 돌려주어야 할 경우도 있고, 손상을 입혀 고쳐 주어야 할 경우도 있고, 악하고 거짓된 보도를 해서 정정해야 할 경우도 있고, 거짓말을 해서 사실대로 말해야 할 경우도 있고, 깨어진 관계를 해결해야 할 경우도 있다. 우리는 이에 대해 현실적이어야 하고 실제적이어야 한다. 이는 분명한 논리다. 우리 죄는 엄청나게 파괴적인 결과를 가져온다. 죄가 하나님과 하나님의 율법에 미친 영향은 하나님이 치료하실 수 있다. 반면, 인간에게 미친 영향은 간혹 우리가 바로잡을 수 있다. 그렇게 배상을 하지 않는다면, 하나님의 용서도 불가능하다.

꾸짖음과 회복

잘못된 관계는 상호적일 수 있다. 지금까지 우리는 우리가 다른 사람들에게 입힌 상처에 집중했다. 그렇다면 다른 사람이 우리에게 입힌 상처에 대해서는 어떻게 해야 하는가? 이 문제에 대해서도 우리가 해야 할 의무가 있다고 성경은 선언한다. 우리는 우리가 잘못을 범한 이들에게 그 잘못을 고백하고 배상을 해주어야 한다. 그래야 그들이 우리를 용서할 수 있다. 이와 같이 우리 역시 우리에게 잘못한 이들을 회개로 이끌기 위해 힘써야 한다. 그래야 우리가 그들을 용서할 수 있다. 이는 상당히 무시되는 의무다. 우리들 대부분은 사실 우리가 우리 형제를 지키는 자가 아니라고 생각하는 가인처럼 무책임한 이들이다.

죄인들을 꾸짖어야 하는 의무는 세례 요한[15]이나 디모데와 디도 같은 기독교 지도자[16]에게만 부과된 것이 아니다. 그 의무는 모든 그리스도인에게 부과되어 있다.[17] 이 사역과 관련한 가장 중요한 교훈은 잠언서에 나와 있다. 잠언서에 그려진 지혜로운 자와 어리석은 자의 대조되는 모습은 특별히 이 문제에서 첨예하다. 교훈, 훈계, 경책에 귀를 기울이고 그것들에 주의하는 것은 "지혜로운 자"의 특징이다(13:1; 15:31). 그는 이것이 "지식을 얻는" 길임을 알고 있다(15:32; 19:25). 그는 꾸짖는 사람은 그의 유익을 위해 그를 사랑하는 마음에서 꾸짖는다는 사실과 "면책은 숨은 사랑보다 낫다"(27:5)라는 사실을 깨달아 알고 있다. 그러므로 그는 아첨보다는 경책을 더 좋아하며(28:23), 자신을 책망하는 사람을 사랑하기까지 한다(9:8). 반면, "거만한 자"는 꾸지람을 듣지 않고, 자신을 바로잡으려 하는 이들을 미워하고 능욕한다(13:1; 9:7, 8). 지혜로운 자는 분별 있게 꾸지람을 받아들이지만, 거만한 자는 어리석게도 그것을 거절한다(12:1; 15:14). 그리고 징계를 버림으로 더 그릇된 길로 간다(10:17). 실로 "자주 책망을 받으면서도 목이 곧은 사람은 갑자기 패망을 당하고 피하지 못한다"(29:1). 또 "견책을 싫어하는 자는 죽을 것이다"(15:10).

잠언서에 나오는 이러한 교훈은 대부분 책망을 **받아들이는** 방법과 관련이 있다. 반면, 예수님은 책망을 **주는** 방법에 대해 가르치셨다. 그분의 가르침들 중에 다른 가르침들보다 더 일반적으로 무시되고 순종하지 못하는 가르침이 마태복음 18:15에 나온다. "네 형제가 죄를 범하거든 가서 너와 그 사람과만 상대하여 권고하라. 만일 들으면 네가 네 형제를 얻은 것이요." "네 형제가 너에게 죄를 지으면"은 아주 일반적으로 경험하는 일이다. 아마 우리 모두 다른 사람에게 죄를 짓고 다른 사람들도 우리에게 죄를 짓는다. 동료 그리스도인들이 우리에게 죄를 범할 때 우리는 어떻게 하는가? 때때로 우리는 분노를 품거나 복수할 계략을 꾸미기도 한다. 이런 것들은 늘 잘못된 것이다. 다른 경우에는, 아무것도 하지 않고서 자신이 잘못을 잘 눈감아 주는 훌륭한 그리스도인이라 생각한다. 그러나 예수님은 우리에게 할 일이 있다고 말씀하셨다. "그의 잘못을 타일러 주어라."(공동번역) 그에 대해 험담을 해서도 안 되고 다른 사람들의 연민을 끌어들여 우리의 자기 연민을 키워서도 안 된다. 그래서는 안 된다. **"단 둘이 만나서 그의 잘못을 타일러 주어라."**(공동번역) 우리가 누군가에게 잘못을 범했을 때 그에게 사적으로 우리 죄를 고백하는 것과 마찬가지로, 누군가 우리에게 잘못을 했을 때도 그 문제에 대해 그에게 사적으로 다가가야 한다. 이 단계에서는 다른 누군가가 아는 것이 필요하지 않다.

그에게 사적으로 말하는 우리의 목적이 그 다음 구절에 분명하게 명시되어 있다는 사실에 주목하라. 그것은 그를 "얻기" 위함이다. 그를 수치스럽게 하기 위한 것이 아니라 그를 얻으려는 것이다. 이것이 중요하다. 간혹 "티"와 "들보"에 대해 예수님이 하신 말씀을 인용하며(마 7:1-5) 이 구절에 나오는 책임을 피하려는 이들이 있다. 그들은 우리 주님이 다른 사람들의 눈에 있는 티를 빼려는 시도를 철저히 금하고 있다고 생각한다! 그러나 우리 주님은 그런 일을 하신 적이 없다. 그분이 책망하고 계신 것은, 우리가 다른 사람들의 눈에 있는 티에만 집중하고 우리 자신의 들보는 보지 못하거나 그것에 무관심할 때 갖게 되는 교만한 마음, 위선적인 거만함이다. 주님은 이렇게 결론지으셨다. "외식하는 자여, 먼저 네 눈 속에서 들보를 빼어라. 그 후에야 밝히 보고 형제의 눈 속에서 티를 빼리라." 사실 우리는 다른 사람에 대해서보다 우리 자신에 대해 더 비판적이어야 한다. 하지만 이런 식으로 다른 사람을 향한 우리의 책임을 묵살해 버릴 수는 없다. 우리에게 죄를 지은 형제에게 가서 교만한 마음이 아니라 사랑으로 "온유한 심령으로"(갈 6:1) 그의 잘못에 대해 말하는 것이 하나님이 우리에게 주신 의무다. 우리는 그를 "얻기"를(마 18:15), 그를 "바로잡기"를(갈 6:1), 그를 "구원하기"를(약 5:19-20) 바라야 한다. 이와 같이 우리의 목적이 건설적이고 우리 심령이 온유하다면 겉으로 아주 위험해 보이는 행동도 안전할 것이다.

우리가 예수님의 이 분명한 명령, 곧 "단 둘이 만나서 그의 잘못을 타일러 주어라"(공동번역)라는 말씀에 순종한다면, 교회 안에 존재하는 상당 부분의 갈등은 해소될 것이다. 그러나 우리는 잘못을 처지른 사람과 솔직하면서도 은밀하게 맞닥뜨리는 용기를 갖기보다는, 그의 등 뒤에서 쑥덕거리며 그에 대한 다른 사람들의 마음에 나쁜 영향을 준다. 교회 전체가 악취가 나는 분위기가 된다. 창문을 열어 신선한 공기가 들어오게 하는 최선의 방법은 우리 주님이 명령하신 대로 행하는 것이다. 즉, 그에게 가서 그의 잘못을 은밀하게 말해야 한다. 그리고 사람들 앞에서는 우리의 입을 굳게 닫아야 한다. 그가 우리의 말을 듣는다면, 우리는 그를 "얻게" 될 것이다. 이렇게 그리스도와 그분의 대의를 위해 진정한 승리를 얻게 될 것이다. 그가 우리의 말을 듣지 않을 때 우리가 해야 할 일은 다음 장에서 다룰 것이다.

누가복음 17:3-4에도 예수님의 비슷한 가르침이 기록되어 있지만 여기에는 중요한 내용이 덧붙여져 있다. "만일 네 형제가 죄를 범하거든 경고하고, 회개하거든 용서하라. 만일 하루에 일곱 번이라도 네게 죄를 짓고 일곱 번 네게 돌아와 내가 회개하노라 하거든 너는 용서하라." 마태복음의 본문은 형제를 **꾸짖는** 것에 집중하고 있는 반면, 누가복음의 이 본문은 오히려 그를 **용서하는** 것에 집중하고 있다. 한 형제가 우리에게 죄를 범했다면 우리는 그를 꾸짖어야 한다. 그러나 그가 회개한다면 그리고 그가 회개할 때에만 우리는 그를 용서해야 한다. 용서를 값싸게 만드는 것에 대해서는 경계해야 한다. 하나님이 우리를 용서하시는 것과 우리가 서로를 용서하는 것은 전혀 다른 것임에도 불구하고(하나님은 하나님이시고, 우리는 단순히 한 개인이고 거기다 죄인이므로), 둘 다 회개를 그 조건으로 한다. 우리에게 죄를 범한 형제가 회개하려 하지 않는다면, 우리는 그를 용서해서는 안 된다. 이 말에 깜짝 놀랐는가? 바로 예수님이 그렇게 가르치셨다. 그 사람을 '용서해야' 한다고 할 때 그 의미는, 그를 향한 우리의 마음이 온갖 적대감에서 떠나 사랑으로 가득해진다는 것이다. 그러나 이것은 기독교적 용서가 아니다. '용서'는 그 이상을 의미한다. 이는 교제가 회복되는 것을 포함한다. 죄를 지었으나 회개하지 않는 형제와 풍성하고 친밀한 교제를 회복할 수 있다면, 그것은 우리 사랑의 깊이가 아니라 그 사랑의 미천함을 보여 주는 것이다. 그것은 그에게 가장 유익한 대로 행하는 것이 아니기 때문이다. 회개를 건너뛰는 용서는 사랑이 아니라 감상적인 마음에서 나온 것이다.

그러나 '그가 회개하면 용서하라.' 그렇다. 예수님이 무자비한 종의 비유에서 가르치셨듯이 "일곱 번을 일흔 번까지라도"(마 18:22) 그렇게 해야 한다. 하나님은 우리가 하나님께 진 '그 모든 빚'을 완전히 탕감해 주셨는데, 우리가 어떻게 다른 사람이 우리에게 진 작은 빚을 탕감하지 않으려 할 수 있을까? 이 비유는 그 빚의 상대적인 크기에 집중한다. 우리 죄의 엄청난 규모와 하나님의 용서를 자각하면 할수록 우리에게 범한 다른 사람의 죄도 더 많이 가려질 것이다. 우리가 다른 사람을 용서하지 않는다면 하나님도 우리를 용서하지 않으실 것이다. 우리가 다른 사람을 용서하지 않는다면 그것은 분명 우리 죄를 있는 그대로 보지 않는다는 것이며 그러므로 결코 진정으로 회개한 것이 아니기 때문이다(마 6:12-15; 막 11:25).

자기 백성을 향한 하나님의 목적은, 그분의 말씀에 계시된 대로 우리가 그분과 함께 그리고 다른 이들과 함께 화목하게 살아가는 것이다. 우리는 평화를 위하여 부름받았다(골 3:15). 우리는 평화를 구하며 그것을 따라가야 한다(벧전 3:11). 기독교는 본질적으로 평화와 화해의 종교다. 그러므로 우리는 관계가 망가지고 깨어지는 모든 상황을 진지하게 대해야 한다. 그것이 **우리**에게 달려 있는 한, 우리는 모든 사람과 평화롭게 살아야 하고, 예수님이 화평케 하는 자들을 향해 선언하신 특별한 축복을 기억해야 한다(롬 12:18; 마 5:9). 우리는 우리가 죄를 범한 이들에게 우리 잘못을 고백함으로, 또 우리에게 죄를 지은 이들을 '회복시키기' 위해 그들을 꾸짖음으로 '화해를 할' 수 있다. 그러나 이러한 행동이 진정으로 평화를 위한 것이라면 둘 다 철저하게 은밀하게 행해야 한다.

그룹 토론 문제

1. 다른 사람들에게 사과하는 것이 필요할 때는 언제이고, 필요하지 않을 때는 언제인가? 당신은 어디에 기준선을 긋겠는가?
2. 실제든 상상이든, 오늘날 배상이 이루어져야 하는 구체적인 상황에 대해 묘사해 보라.
3. 우리에게 죄를 범한 형제를 꾸짖지 못하도록 하는 방해거리들은 무엇인가? 또 그것들을 어떻게 극복할 수 있을까?

3장
교회에서 하는 공적인 고백

1559년부터 솔즈베리의 주교였던 위대한 존 쥬얼은 「변증에 대한 옹호」에서 이렇게 썼다. "성경에는 세 가지 종류의 고백이 나와 있다. 첫 번째는 하나님께 은밀하게 하는 고백이고, 두 번째는 공개적으로 회중 앞에서 하는 고백이며, 세 번째는 형제에게 사적으로 하는 고백이다."[1] 우리는 이미 하나님께 하는 은밀한 고백과 피해를 입은 개인에게 하는 사적인 고백에 대해 살펴보았다. 이제 교회에 하는 공적인 고백이라는 주제에 대해 이야기해 보자.

이런 공적인 고백에는 세 가지 형태가 있다고 할 수 있는데, 앞으로 보게 되겠지만 처음 두 가지 형태는 공적이고 공개된 고백이기는 하지만 엄밀히 말해서 '교회를 향한 고백'은 아니다.

공적인 고백

영국 성공회의 모든 '공동기도서'들에는 성찬례 그리고 아침 기도와 저녁 기도 때 드리는 공식적인 **죄 고백**에 대한 내용이 실려 있다. 기도회 때 드리는 죄 고백은 1552년 크랜머의 '공동기도서' 두 번째 판에서 새롭게 시작되었다. 1549년에 나온 첫 번째 '공동기도서'를 보면, 여전히 '매틴즈'(Matins: 아침 예배)와 '이븐송'(Evensong: 저녁 예배)이라 불린 예배 시간에는 죄 고백이나 사죄 선언이 없었고, 바로 주기도문과 교독문으로 시작했다. 1552년에 이르러 서두의 참회 순서가 추가되었는데, 이는 성경의 선언, 권고의 말씀, 죄 고백, 사죄 선언으로 이루어져 있었다. 하나님의 백성은 먼저 깨끗함을 받고 죄 사함을 받기 전까지는 예배로 하나님께 나아갈 수 없다고 여겨졌으므로 이 순서는 일반적으로 적절하다고 여겨졌다. 사실, '권고의 말씀'에 나와 있듯이, "우리는 항상 하나님 앞에서 겸손하게 우리 죄를 인정해야 하지만, 우리가 함께 모일 때 더욱 그렇게 해야 한다." 성공회의 예배는 **공동기도서**를 따르는 회중 예배다. 따라서 우리 구세주이신 하나님을 함께 찬양하는 것이 옳다면, 우리에게 그분이 주시는 구원이 필요하다는 사실을 함께 인정하는 것 또한 옳은 일이다.

공적인 고백(general confession)이라는 이름이 붙여진 이유는 모든 성도가 언제나 참여하도록 하기 위함이며, 또한 특별한 죄들보다는 우리의 일반적인 죄성을 의식하는 것이기 때문이다. 이 고백은 여섯 개의 짧은 문장으로 우리의 죄성을 진실되고 포괄적으로 묘사해 준다. (1) 우리는 길 잃은 양처럼 하나님의 길에서 벗어났고(사 53:6의 말씀처럼) 하나님의 법을 어겼다. (2) 이렇게 하나님의 길에서 떠나고 하나님의 법을 위반한 것은 "우리 마음의 욕망과 악한 생각들 때문이며", 그것들을 "과도하게 따름으로써" 우리는 쉽게 길을 잃곤 한다. (3) 우리는 해야 할 일을 하지 않는 죄도 짓고, 하지 않아야 할 것을 하는 죄도 짓는다. (4) 우리는 "우리 안에 건강한 것이 전혀 없다"라고 결론 내릴 수밖에 없다. (5) 다시 말해, 우리 죄는 그저 행위들로 이루어진 것이 아니라 우리의 본성을 타락하게 만든 질병이다. (6) 그러므로 우리는 "비참한 죄인"들이다. 이는 하나님의 긍휼이 필요한 죄인들이라는 의미다.

따라서 우리는 그분을 "전능하신" 분이라 부를 뿐 아니라 "자비가 풍성하신" 분이라 부르며, 죄를 고백하고 회개하는 우리에게 자비를 베푸시기를 간구한다. 우리는 정죄 받아 마땅한 이들이지만, "형벌을 받지 않도록 해주기를" 우리를 "회복시켜 주시기를" 기도드린다. 이는 예수 그리스도를 통해 우리에게 주시는 그분의 약속을 믿기 때문이다. 마지막으로 우리는 우리에게 약속된 죄 사함을 기다리며, 하나님과 다른 이들과 우리 자신을 향해 거룩한 삶("경건하고 의롭고 건전한 삶")을 살 은혜를 주시기를, 그분의 이름을 영화롭게 할 은혜를 주시기를 기도한다.

1548년 '성찬례 순서'를 따르는 1549년 성찬례의 '성찬으로의 초대'(invitation) 항목에는 다음과 같은 표현이 담겨 있다. "전능하신 하나님과 그분의 이름으로 여기 함께 모인 **그분의 거룩한 교회**

에게 겸허한 마음으로 고백하라." 이는 1552년에 "그분의 거룩한 이름으로 여기 함께 모인 **이 회중 앞에**"로 변경되었다가, 1662년에는 전체가 다 제거되었다. 1548년과 1549년 판의 구절은 확실히 정확하지 않았다. 예배 시간에 함께 드리는 죄 고백은 사실 교회**를 향한** 고백이 아니라 교회**가** 드리는 고백이다. 고백 중에 회중은 하나님께 범한 죄와, 또한 그들이 스스로 동일시하는 하나님의 모든 백성이 범한 죄를 인식한다.[2] 그들은 또한 다른 이들 앞에서 공개적으로 죄를 고백한다. 그러나 그들은 서로**를 향해** 혹은 교회 전체**를 향해** 죄를 고백하는 것이 아니다.

특별하고 비공식적인 고백

예배 때 **공적인** 죄 고백이 우리의 일반적인 죄성을 하나님 앞에서 공식적이고 공개적으로 인정하는 것이라면, **구체적인** 죄들을 공적으로 고백할 여지는 없는 것인가?

이에 대해서는 한두 가지 성경의 예가 있다. 첫 번째는 세례 요한의 사역에 나온다. 유대 지역에 살던 많은 사람이 그가 있던 요단 강으로 모여들었다. 그들은 그의 설교를 듣고 "자기들의 죄를 자복하고"(마 3:6 = 막 1:5) 그에게 세례를 받았다. 이러한 공개적인 죄 고백이 어떤 형태였는지에 대해서는 아무런 정보도 주어져 있지 않다. 아주 일반적인 용어로 표현되어 있을 뿐이다. 그러나 요한이 "죄 사함을 받게 하는 회개의 세례"(막 1:4 = 눅 3:3)를 선포한 이후, 그리고 그가 다양한 계층의 사람들에게 그들이 맺어야 하는 "회개에 합당한 열매"(눅 3:8, 10-14)를 일일이 열거하며 그의 가르침을 아주 자세하고 실제적인 방식으로 적용한 이후, 그들이 드린 공적인 고백은 적어도 보편적이기보다는 구체적인 것이었을 가능성이 있다. 에베소에서의 경우는 확실히 그러했다. 바울의 가르침 이후 어떤 초자연적인 일이 일어나자 새 신자들은 "와서 그들이 행했던 일을 드러내어 고백하고" 그들의 마술 책을 태워 버렸다(행 19:18-19). 이 두 사건은 매우 비슷하다. 두 경우 모두, 누구에게 고백을 하라는 요구가 없다는 사실이 중요하다. 두 경우 모두 엄밀하게 피해를 입은 쪽(하나님이든 사람이든)에게 '고백'을 하지 않았고, 죄악된 과거의 삶을 공개적으로 '인정' 했다. 또 둘 다 정기적인 것이 아니라 독특한 경우였다. 세례 요한은 사람들에게 하나님 나라의 도래를 준비하라고 명하고 있었고, 사도 바울은 그들에게 그 나라에 들어가라고 권하고 있었다. 그렇게 새롭게 시작하기 위해서는 과거에 속한 모든 것을 과감하게 포기해야 했다. 그래서 에베소에서는 공개적인 죄 고백, 과거와 연관된 악한 물건들을 공개적으로 불태우는 일이 있었다. 오늘날 이교에서 개종한 이들이 공개적으로 자신들의 우상을 불태움으로 자신들의 개종을 표현하듯이 말이다. 이와 마찬가지로 B. G. M. 선드클러(Sundkler) 박사는 자신이 "본질적으로 정화 의식"이라고 소개하는 남아프리카 시온주의 교회의 입교식에서, "세례나 정화는 죄 고백이 선행되지 않고는 일어날 수 없다"[3]라고 말한다.

세례 요한의 사역으로 요단 강에서 일어난 공적인 고백과 사도 바울의 사역으로 에베소에서 일어난 공적인 고백이 새로운 삶의 시작을 표시하는 예외적인 것이라면, 공개적이면서 반복적으로 이루어진 고백을 의미할 수 있는 성경의 한 가지 예가 남아 있다. 그것은 야고보서 5:16의 경우다. "너희 죄를 서로 고백하며, 병이 낫기를 위하여 서로 기도하라." 나는 이미 앞 장에서 이 말씀이 우리가 잘못을 범한 이들에게 죄를 고백해야 할 의무를 암시하고 있다고 언급했었다. 그런데 여기에서 그려지는 상호 고백은 공개적이기보다는 사적인 고백인데, 그 점은 바로 다음에 "의인의 간구는 역사하는 힘이 크다"라고 말하며, 한 개인으로서의 '의인'을 언급하는 것을 보아 알 수 있다. 그럼에도 불구하고 믿을 만한 주석가들은 이 절에 근거해서 공개적으로 혹은 적어도 소그룹에서 상호 고백을 실천하는 것이 타당하다고 말한다. 「제2설교서」(Second Book of Homiles)는 이 명령의 '진짜 의미'에 대해 이렇게 말한다. "그 뜻은, 신자들은 자신들의 잘못, 곧 그들 가운데서 서로에 대해 생겨나거나 자라난 미움, 증오, 원한, 악의를 인정해야 한다는 것이다." 그러고 나서 그 책은 마태복음 5:23-24에 나오는 우리 주님의 말씀을 한 예로 덧붙인다. 그러나 또 다른 설명도 추가되어 있다. "그것은 서로에게 우리의 약점과 결점을 고백해야 한다는 뜻이다. 이는 서로의 약한 부분을 앎으로써 함께 전능하신 하나님, 우리의 하늘 아버지께, 자신의 아들 예수 그리스도 때문에 우리의 약함들을 용서해 주실 그분께 더욱 간절하게 기도하기 위함이다."[4]

성경에서 교회 역사로 눈을 돌려봐도, 여러 성령 운동들에는 이렇게 어떤 격식 없이 서로 공개적인 고백을 하는 일이 있었다는 것이 분명한 사실이다. 이는 감리교가 초창기부터 가지고 있던 특징이었다. '반'[bands: '속회'(classes)를 더 작게 나눈 것]의 네 번째 규칙은 "돌아가며 자기 영혼의 진정한 상태를 자유롭고 솔직하게 말하되, 지난 모임 이후 자신이 생각이나 말이나 행동으로 범한 잘못과 느꼈던 유혹을 고백하는 것"이었다.[5] 존 웨슬리는, 자신에게는 속회의 특징이라 할 수 있는 이 관례가 "사랑 안에서 참된 것을" 말하는(엡 4:15) 자연스러운 표현의 시간이었다고 말한다. 이는 건전한 결과로 이어졌다. "많은 이들이, 그때까지는 피할 길을 찾지 못했던 유혹들에 빠지지 않게 되었다. 그들은 우리의 가장 거룩한 신앙 안에서 든든해졌다. 그들은 주님 안에서 훨씬 더 즐거워했다. 사랑 안에서 강해졌고, 모든 선한 일이 풍성해지는 일도 훨씬 효율적으로 이루어졌다."[6]

이런 종류의 공적인 고백은 또한 오늘날 동아프리카에서 일어나는 부흥의 표지가 되고 있다. '발로콜레'(*Balokole*), 즉 '구원받은 자'들의 '친교 모임'은 일반적으로 동일한 형식을 따랐다. 이 모임은 찬양, 기도 그리고 간증과 함께 고백의 시간을 갖고, 이어서 함께 성경을 공부하는 것이다. 원로 사제인 맥스 워렌(Max Warren)은 「부흥」(*Revival-An Enquiry*)에서,[7] "부흥을 낳는 중요한 요인 중 하나는 '죄가 얼마나 무서운지'에 대한 인식을 회복하는 것이다"라고 지적한다. '부흥'을 어떻게 정의하든 간에, 부흥은 하나님의 임재에 대한 초자연적인 인식이거나 그것을 포함한다. 이는 죄 혹은 "깨어짐"을 자각하게 하고, 그 다음 그것을 "고백하고자 하는 충동을 낳는다." 동아프리카 부흥의 두 번째 강조점은 사귐에 있다. 이는 하나님과 그리고 서로서로와 "빛 가운데서 동행하는 것"이다. 죄만이 이 사귐을 깨뜨리므로, 이 사귐을 회복하려면 죄를 고백해야 한다. 워렌은 이 운동에 가담한 한 여성 선교사의 말을 인용한다. 그녀가 이 운동에 가담한 이유는, 그렇게 하지 않는 것은 "용서 받은 죄인들과 함께하기를 거부하는 것"이라고 느꼈기 때문이었다. 세 번째로, 지난 25년 동안 고백보다는 간증에 대한 강조가 더 우세하게 되었음을 아는 것이 중요하다. 죄를 고백하는 것으로는 충분하지 않다. "또한 추구해야 하는 것은 죄로부터 해방됨과, 죄에 대한 승리를 간증하는 것이다"라고 워렌 박사는 말한다. 그리고 구원하시는 예수의 능력에 대한 경험이 공유되면서, 모임 중간중간에 '투쿠텐데레자'(*tukutendereza*: 간다어로 '주님을 찬양합니다'라는 뜻)가 포함되었다. 이는 하나님의 어린양이시며 죄인들의 구세주이신 예수님의 깨끗하게 하는 피에 대해 하나님을 찬양하는 합창이다. 이는 철저하게 성경적이다. 이는 성경에서 발견할 수 있는 다른 종류의 '고백'이다. 죄 고백이라기보다는 그리스도에 대한 고백이며 어떤 면에서는 그리스도에 대한 간증보다 훨씬 더 대단한 것이다. "간증은 사람들에게 하는 것인 반면, 고백은 감사와 찬양이 속에서 흘러나와 사람들 앞에서 하나님께 드려지는 것이기 때문이다."[8] 우리는 하나님의 강력한 구원에 대해 회중이 함께 드리는 찬양의 노래인 시편의 분위기로 다시 돌아온다. "그가 높은 곳에서 손을 펴사 나를 붙잡아 주심이여, 많은 물에서 나를 건져내셨도다"(시 18:16). "이 곤고한 자가 부르짖으매 여호와께서 들으시고 내 모든 두려움에서 나를 건지셨도다"(시 34:6). "나를 기가 막힐 웅덩이와 수렁에서 끌어올리시고 내 발을 반석 위에 두사 내 걸음을 견고하게 하셨도다. 새 노래, 곧 우리 하나님께 올릴 찬송을 내 입에 두셨으니…"(시 40:2-3). "사람의 줄이 나를 두르고 스올의 고통이 내게 이르므로 내가 환난과 슬픔을 만났을 때에 내가 여호와의 이름으로 기도하기를, 여호와여, 주께 구하오니 내 영혼을 건지소서 하였도다. 여호와는 은혜로우시며 의로우시며 우리 하나님은 긍휼이 많으시도다. 여호와께서는 순진한 자를 지키시나니 내가 어려울 때에 나를 구원하셨도다. 내 영혼아, 네 평안함으로 돌아갈지어다. 여호와께서 너를 후대하심이로다. 주께서 내 영혼을 사망에서, 내 눈을 눈물에서, 내 발을 넘어짐에서 건지셨나이다"(시 116:3-8).

이로 보건대, 공적인 죄 고백보다는 이런 종류의 주님에 대한 공적인 고백이 성경에 훨씬 많이 나오는 듯하다. 워렌이 공적인 죄 고백에 대해 '의문점'을 둔 것은 옳은 일이다. "오랜 기독교의 경험에 따르면, 이러한 특별한 훈련의 그림자 속에는 과시 행위, 색욕, 피상성 등이 도사리고 있다"라고 그는 덧붙인다. 점검 기준은 항상 교회가 그것에 의해 교화되는가여야 한다(고전 14:26). 죄 고백은 간혹 교화적이지도 않고 도움이 되지 않을 수 있다. 그러나 그리스도와 그리스도의 구원의 능력에 대한 고백은, 가라앉은 영혼을 격려하고, 처진 심령의 기운을 북돋우고, 서로 돌아보아 사랑과 선행을 격려할 수 있다(히 20:24-25).

분명, 약함의 고백이 기도 요청으로 이어지는 경우가 있다. 그리고 우리는 분명히 "서로 짐을 지라. 그리하여 그리스도의 법을 성취하라"(갈 6:2)라는 명령을 받았다. 갈라디아서의 문맥이 암시하듯이, 이러한 고백은 필요할 때 서로 함께하려 하는 개인 신자들 사이에서 이루어질 때 가장 바람직하다.

공개적이고 징계가 필요한 고백

우리가 지금까지 살펴본, '공적 고백'의 첫 두 가지 형태는 엄밀하게 말해 공적인 고백은 아니다. 그 이유를 설명해 보겠다. '고백'이란, "고소당한 죄를 공표하거나 인정하는 것"이다.[9] 그러므로 고백은 피해를 입은 사람에게, 그를 고소한 사람에게 하는 것이 옳다. 이 때문에 '은밀한' 고백은 하나님께만 해야 하고 '사적인' 고백은 우리가 죄를 지은 그 특별한 개인에게 하고, 교회에 범한 어떤 공적 범죄의 경우에 '공적인' 고백은 교회에 해야 한다. 우리가 이 장에서 지금까지 논의했던 것은, 사실 어떤 이유로 공적으로 인식된, 하나님께 범한 은밀한 죄에 대한 고백이나 우리 동료 인간들에게 범한 사적인 죄에 대한 고백이었다. 그러나 진정한 의미에서 '공적인 고백'은 공동체에 범한 죄에 대해 그 공동체에게만 할 수 있다.

그러한 '공적인 고백'은 교회에 범한 어떤 공적 범죄에 대해 교회에 공적으로 시인하는 것으로서, 교회는 공적으로 그 범죄자의 죄를 사하고 그의 지위를 되찾게 해줄 수 있다. 이런 과정이 없다면 그는 공적으로 파문당한 상태에 있어야 한다. 구약 성경에서 이에 대한 가장 눈에 띄는 예가 아간이다. 아간은 하나님이 다 없애라고 명하신 전리품 일부를 숨겨 놓는 불순종을 범해 아이 성 공격 전에 이스라엘에 군사적인 재앙을 불러왔다. 여호수아는 아간에게 "내 아들아, 청하노니 이스라엘의 하나님 여호와께 영광을 돌려 그 앞에 자복하고 네가 행한 일을 내게 알게 하라. 그 일을 내게 숨기지 말라"(수 7:19)라고 말했다. 아간은 여호와께 죄를 범했을 뿐 아니라 그 백성들에게도 죄를 범했다. 그래서 그는 자신의 죄를 공개적으로 고백하고 공개적인 처벌을 받아야 했다. 새로운 이스라엘에 아간이 있었다면, 그리스도의 초기 교회에는 아나니아와 삽비라가 있었다. 그들의 죄는 그리스도인 공동체 전체를 속이려 한 것이었다. 그러나 아간의 죄가 그랬듯이 이 죄도 비밀이 될 수 없었다. 하나님의 극적인 심판이 그들에게 임했다(행 5:1-11).

이 두 사건에는 평범하지 않고 초자연적인 요소들이 있었다. 우리는 이제 공적인 범죄자들을 징계하는 좀더 평범한 조치들에 대해 살펴보아야 한다. 이는 예수님이 명하셨고 신약의 교회가 준수했던 일이다. 우리는 우리에게 죄를 범한 형제에 대한 우리 주님의 가르침을 이미 살펴보았다(마 18:15-17). 우리는 그에게 가서 그의 잘못에 대해 은밀하게 "그 사람과만 상대하여" 이야기해야 한다. 그가 우리의 이야기를 들으면 그 사람을 "얻은" 것이라고 예수님이 말씀하셨다. 그러나 그가 우리의 말을 듣지 않는다면, 두 번째로 그에게 가야 하는데 이번에는 분명하게 그의 잘못을 확증해 줄 수 있는 "한두 사람을 데리고" 가야 한다. 이는 "두세 증인의 입으로 말마다 확증하게" 하기 위함이다. 이는 이스라엘 법정의 필수 요건이었다(민 35:30; 신 19:15). 또 그리스도의 교회의 공적인 징계에서도 마찬가지였다. 그 범죄자가 증인들의 말도 듣지 않으려 한다면 이제 세 번째 기회가 주어진다. "교회에 말하고"라고 예수님은 말씀하셨다. 이는 분명 지역 교회 전체를 의미한다. 그러나 "교회의 말도 듣지 않거든 이방인과 세리와 같이 여기라"(17절). 다시 말해 그는 그 그리스도인 공동체에서 제외되어야 한다. 그러고 나서 우리 주님은 다음과 같은 말씀을 덧붙이신다. "진실로 너희에게 이르노니 무엇이든지 너희가 땅에서 매면 하늘에서도 매일 것이요, 무엇이든지 땅에서 풀면 하늘에서도 풀리리라"(18절).

이 말씀은 다양하게 해석되어 왔다. '미쉬나'(*Mishnah*)에서 랍비들은 '매는 것'과 '푸는 것'의 은유를 어떤 관행을 '금지하는 것'과 '허용하는 것'으로 사용했다. 그래서 E. A. 리튼(Litton)은 그것을 "교회의 규정을 만들고 폐지하는 것"으로 설명한다.[10] 다음 장에서 보게 되겠지만, 종교개혁자들은 일반적으로 '매는 것'과 '푸는 것'이라는 표현은 "죄를 그대로 두는 것과 사하는 것"과 같다고 전제하고, 이를 공적인 복음 선포에 적용했다. 그러나 이 문맥이 강력하게 지지하는 바는 예수님이 교회의 징계를 마음에 두고 계셨다는 것이다. 그래서 쥬얼 주교는 '푸는 것'에 대해 다음과 같은 다른 해석을 제시한다. "누구든 심각한 죄 혹은 눈에 띄는 공개적인 범행을 저질러 다른 형제의 마음을 상하게 하여, 그에 따라 이를테면 공동체와 그리스도의 몸에서 추방되고 스스로를 이방인으로 여기게 되었을 때, 사역자는 그 사람을 완벽하게 바로잡은 다음 그를 받아들여 다시 집으로 데리고 와서, 공동체에 속하도록 복권시킨다."[11] 또한 "우리는, 매는 것뿐 아니라 푸는 능력은 하나님의 말씀에 있다고 말한다. 그 일은 설교 또는 처벌과 교회의 징계 선언으로 실행되거나 집행된다."[12]

어떤 사람들은 이런 해석들은 상호 배타적이라고, '매는 것'과 '푸는 것'은 행동 수칙(그에 따라 금하거나 허용하는) 혹은 사람들(그에 따라 파문하거나 회복시키는) 중 하나를 가리키는 것이라고 주장했다. 어느 쪽의 해석을 위해서든 적절한 논증이 선행되어야 한다는 사실을 우리는 위에서 보았다. 그러나 이 해석들 중에서 반드시 하나를 선택해야 하는지는 확실하지 않다. 징계를 하다 보면, 두 가지가 어쩔 수 없이 섞이기 때문이다. 교회가 범죄자를 그 공동체로부터 제하거나 회복시킬 권한을 가지고 있다면, 그렇게 하는 근거를 밝힐 권한도 있어야 한다. 그런데 교회는 어떤 관행을 '매거나' '푸는' 것(즉, 그것을 합법적 혹은 불법적이라고 선언하는 것)을 통해서만 그 가르침을 경시하는 사람들을 '매고', 그 가르침에 순종하는 사람 혹은 이전에는 경시했지만 회개한 사람들을 '푸는' 일을 계속할 수 있다.

이는 교회가 절대적이거나 권위주의적인 통치를 해야 한다고 주장하는 것이 아니다. 윤리적인 가르침을 주고 징계를 행하는 두 영역에서 교회의 권세는 항상 2차적이다. 최고의 권세는 하나님의 말씀에 있다(제20조). 마태복음 18:18에서 예수님이 '매고' '푸는' 권세를 각 지역 교회로 확장시키신 듯이 보이긴 하지만, 이는 우선 베드로에게 그리고 그와 함께(우리가 믿기로는) 그의 동료 사도들(마 16:19)에게 주어졌다. 그러므로 지역 교회는 사도들의 도덕적 가르침에 근거해서, 그 가르침에 따라서만 징계를 행할 수 있다.

우리는 신약 성경의 서신서들에서 이 권세가 교회 생활의 초기 시절에 어떻게 행사되었는지를 볼 수 있다. 고린도에는 근친상간의 죄를 범한 이가 있었는데, 그의 죄는 분명 단회적인 행동이 아니라 실제로 "자기 아버지의 아내를 데리고 사는"(고전 5:1, 새번역) 것이었다. 그런데 그는 회개하지 않아 그 공동체에서 "제거하거나" "내쫓아야" 했다(2, 13절, 새번역). 이러한 파문은 이 본문에서(5절) 그리고 디모데전서 1:20에서 "사탄에게 내주었다"라고 표현되었다. 아마도 교회는 그리스도의 통치가 이루어지는 영역으로, 교회 밖은 '어두움의 영역'(참고. 행 26:18; 골 1:13)으로 여겨졌기 때문일 것이다. 고린도후서 2:5-11에 언급된 범죄자가 같은 사람인지에 대해서는 확신할 수 없다. 그러나 어떤 경우든 공개적으로 처벌을 받은 한 죄인이 용서받고 회복된, 서로 보완되는 예가 나와 있다. 파문되어 있는 동안, 그 범죄자가 회개하고 죄를 고백하고 회복되기까지는 공동체가 그를 거부해야 했다는 것은 분명하다. 그리스도인들은 그와 사귀지도 말아야 했다(고전 5:9 이하;[13] 참고. 딛 3:10-11).

우선 이런 극단적인 징계의 이유와 목적에 주목하는 것이 중요하다. 각 경우에 징계를 한 이유는 심각한 죄를 의도적으로 계속 반복하고 있었기 때문이다. 고린도전서 5:9-11에 나오는 심각한 도덕적 죄들의 목록은 개별적인 잘못을 가리키는 것이 아니라, 그 삶이 부도덕, 우상숭배, 술취함, 탐욕으로 얼룩진 사람들을 가리키는 것이다. 마찬가지로 이단에 속한 사람을 한두 번 훈계한 후에도(딛 3:10) 그가 사도의 가르침에 순종하기를 완강하게 거부하고(살후 3:14), 예수님이 정하신 엄중한 꾸짖음에 갈수록 더 저항한다면(마 18:15-17) 그를 거부해야 한다.

파문의 목적은 그에 합당한 벌을 주고, 문제를 개선하고, 죄를 억제하기 위함이다. 이 세 가지는 우리가 검토한 본문들에 암시되어 있다. 많은 현대 사상가들이 생각하는 것과는 달리 성경 저자들은 죄에 대한 응보라는 개념을 피하지 않는다. 사도 바울은 범죄자들을 "심판하고" 그들에게 "벌을 내리라"라고 썼다(고전 5:12-13; 고후 2:6). 바울은, 공개된 범죄자가 공개적으로 벌을 받는 것을 바르고 정당하게 여긴 것이 분명하다. 그럼에도 불구하고 그를 벌하는 징계는 가능한 한 그를 개선시키기도 하려는 목적이어야 했다. 완강하게 순종하지 않는 형제에 대해서는 그가 스스로를 "부끄럽게" 여기도록 그에게서 피해야 했다(살후 3:14). 후메내오와 알렉산더를 "사탄에게 내준 것은 그들로…신성을 모독하지 못하게 하려" 함이었다(딤전 1:20). 고린도후서 2장에 묘사된 경우든 다른 곳에 언급된 경우든 간에 근친상간의 죄를 범한 고린도의 범죄자가 공동체에 속하도록 회복되지 않았을지라도, 그의 파문의 목적은 긍정적인 것이었다. "이는 육신은 멸하고 영은 주 예수의 날에 구원을 받게 하려"함이었다(고전 5:5). 그의 육신을 멸한다는 것은 성화를 의미할 수도 있다. 종교개혁자들은, 교회의 징계는 범죄자들이 '육체를 길들이도록' 도우려는 의도였음을 계속해서 분명하게 강조했다. 그러나 이 말씀은 육체적인 죽음을 가리킬 가능성도 있다. 이 경우, 그가 아나니아와 삽비라의 경우처럼 또 고린도의 그리스도인들처럼(고전 11:30) 자기 죄로 인해 죽을지라도, 파문의 목적은 그의 궁극적인 구원이었다. 세 번째 목적은 죄를 억제하기 위함이었다. 바울은 디모데에게 "범죄한 사람을 모든 사람 앞에서 꾸짖어 나머지 사람들로 두려워하게 하라"(딤전 5:20)라고 가르쳤다.

교회의 징계는 첫 몇 세기 동안 초대교회에서도 계속되었다. 앞 장에서 본 것처럼 '대참회 예배 의식'은 당시에는 "경건한 징계법이 있었다"라는 말로 시작된다. "매우 악한 죄를 저지른 사람들로 하여금 공개적인 고해를 행하도록 하였던 것입니다. 그들이 이 세상에서 벌을 받은 것은 주의 날에 그들의 영혼은 구원을 받게 하려는 것입니다. 그리고 그들을 보고 경고를 받은 다른 이들이 죄 범하는 것을 더욱 두려워하게 하려는 것이었습니다." 정확히 그것이 어떻게 폐지되었는지는 알려져 있지 않다. 3세기의 극심한 박해 시기 동안, 타락한 이들에게 부과된 징계가 너무 가혹했기 때문인지도 모른다. 혹은 후커가 주장하듯이, 공적인 고백으로 인한 스캔들이 죄 자체로 인한 스캔들보다 더 심했기 때문인지도 모른다. 그러나 이유가 어떻든 공적인 고백과 공적인 처벌이라는 이 건전하고 성경적인 관행이, 점점 비밀 고해와 사적인 고해라는 비건전하고 비성경적인 관행으로 대체되었다는 사실을 우리는 안다. 5세기의 대 레오 교황은 캄파니아의 주교들에게, 더 이상 회중들에게 공적인 고백을 하게 하지 말고 그들의('하나님의'가 아니다) 대표인 사제들에게 하게 하라고 썼다. 이러한 관행은 다음 세기 말에 이르러 일반화되었던 것 같다.

    종교개혁자들은 심각한 죄들에 대한 공적인 징계를 복원시키기를 간절히 원했다. 휴 라티머는 헨리 8세 앞에서 설교를 할 때, 그 나라가 도덕적으로 해이해진 것에 압박감을 느껴 왕에게 "그리스도의 징계를 복원시켜 달라고, 파문을 실행하는 권한을 교회에 돌려달라고" 호소했다.[14] 그리고 나서 '앞에서 말한 징계가 다시 복원되기까지(정말 바라는 바는 이것이다)' 회개하지 않는 죄인들을 향해 '하나님의 진노와 심판을 선언'하는 대참회 예배를 임시방편으로 제안했다. 그 동안 성찬례를 위한 지침은 사역자들에게 이렇게 지시했다. "매우 악한 죄를 저지른 사람들", 즉 말이나 행위로 회중에게 죄를 지은 사람들에게는 경고를 하고, "진실로 회개하고 이전의 못된 생활을 고쳤다고 공개적으로 말하기까지는, 그래서 이전에 피해를 입은 회중이 보상을 받기까지는 주의 만찬에 참여하지 못하도록" 하라고 말이다. 우리의 종교개혁자들은 이런 징계를 행하는 일이 꼭 필요하다고 확신해, 간혹 순전한 하나님의 말씀 선포에 이것을 포함시켰고, 그리스도의 교회의 세 번째 표지로서 성사에 꼭 필요한 과정으로 이를 추가시켰다. 그래서 '오순절을 위한 설교'의 두 번째 부분에서는 교회의 "세 가지 표지" 중 하나가 "교회 징계의 바른 사용"으로 나온다.[15] 이 구절은 19번째 조항에는 나오지 않지만, 33번째 조항은 "교회의 공개적인 선언에 따라 교회 공동체에서 정당하게 제외되고 파문된" 사람은 우리 주님이 명령하신 대로 "그가 회개를 통해 공개적으로 받아들여지기까지는 이방인과 세리"처럼 취급받아야 한다고 아주 명확하게 가르친다.

오늘날 우리도 우리 주님과 주의 사도들의 분명한 가르침에 순종해, 이런 '경건한 징계'를 복원하려는 종교개혁자들의 열망을 가져야 한다. 우리 세대에 교회가 이렇게 약하고 무기력해진 데는 의심할 여지 없이 징계의 부재가 한 원인이 된다. 세례와 성찬례를 행할 때뿐 아니라, 드러난 범죄자를 다루는 부분에서도 징계는 사라졌다. 현재는 파문을 당하는 유일한 조건은 이혼이다. 이는 이혼을 지나치게 두드러지게 할 뿐 아니라 다른 죄들의 심각성을 극소화하는 것 같다.[16] 물론 좀더 엄격한 징계의 강화를 반대하는 많은 이유가 있다. 교회의 하나됨을 추구하는 오늘날의 경향이라든지, 편협함은 무엇이든 미워하는 태도(죄를 허용하지 않는 올바른 태도와 잘못된 편협함을 제대로 구별하지 못한 것), 그러한 공적인 징계는 교만, 적대감, 혹은 건방진 모습을 나타내 보일 수 있다는 잘못된 생각, 공산 정부에 의해 부추겨진 인민 재판을 닮아가는 듯한 두려움, 교회에서 선한 사람들 사이에서 악한 사람들을 구별하려는 모든 시도는 막아야 한다는 밀과 가리지 비유에 대한 잘못된 해석, 대중매체가 발달한 오늘날 공개적인 스캔들에 대한 두려움 등을 비롯한 여러 주장들이 교회에 적절한 징계를 복원하는 일을 방해하기 위해 제기된다.

이런 주장들 중 일부는 전혀 일리가 없는 것은 아니다. 교회의 징계를 집행하는 일은 많은 위험에 노출되어 있으며, 수년 동안 방치되어 있었기에 복원하기 위해서는 큰 용기와 지혜가 필요할 것이라는 데 동의한다. 그러나 그에 반대하는 주장보다는 찬성하는 주장들이 더 강력하고 설득력 있다. 심각한 범죄자를 느슨하게 징계하는 것은 그들의 영원한 운명에도 유익하지 않다. 우리는 신약 성경에서 공적인 징계와 파문이 죄인들의 개선과 유익을 위해 집행되었음을 살펴보았다. 또한 교회의 복음 증거는 교회가 가진 낮은 기준에 의해 심각하게 손상된다. 오늘날 교회는 세속 세계에 거의 영향을 주지 못하고 있다. 세상은 전반적으로 기독교가 추구하는 도덕적 기준에서 벗어나 있고, 불신자들은 자신들과 교인들 사이에 별 차이를 보지 못한다. 교회가 죄를 관대하게 여기고 심판을 하지 않는 한(고전 5:12, 13; 11:31; 벧전 4:17), 또 죄에서 구원하시는 예수 그리스도의 능력을 가시적으로 보여 주지 못하는 한, 교회는 결코 세상을 그리스도께로 이끌지 못할 것이다. 우리는 그리스도가 당신의 교회를 향해 품으신 목적에 대한 비전을 완전히 상실했는가? 어째서 이렇게 느슨하고 보잘것없는 수준에 만족하고 있는가? 예수 그리스도께서 "우리를 대신하여 자신을 주심은, 모든 불법에서 우리를 속량하시고 우리를 깨끗하게 하사 선한 일을 열심히 하는 자기 백성이 되게 하려 하심"이다(딛 2:14). 그분은 자신의 신부가 될 교회를 찾기 위해 하늘에서 오셨다. 그분은 "교회를 위해 자신을 주[셨다.]…이는 곧 물로 씻어 말씀으로 거룩하게 하시고 자기 앞에 영광스러운 교회로 세우사 티나 주름 잡힌 것이나 이런 것들이 없이 거룩하고 흠이 없게 하려" 하심이다(엡 5:25-27). 이런 그분의 죽으심에 비추어 볼 때 어떻게 우리가 교회의 거룩함에 무관심한 채로 있을 수 있는가?

마지막 한 가지, 실제적으로 중요한 것이 있다. 징계를 집행할 때 그 책임은 지역 교회 회중 전체에게 있다. 마태복음 16:19에 따르면 열쇠의 권세는 베드로에게 주어져 있다. 쥬얼 주교는 「변증에 대한 옹호」에서 아우구스티누스가 한 말, 곧 "그리스도께서 베드로에게 '내가 천국 열쇠를 네게 주리니'라고 말씀하셨을 때 그분은 이로 교회 전체를 의미하셨다"라는 말을 인용하고 있긴 하지만 말이다.[17] 어쨌든 잠시 후 마태복음 18:17-18에 따르면 예수님은 이 매고 푸는 같은 권세를 분명 각 지역 교회에 주셨다. 그분은 "교회에 말하고"라고 분명히 말씀하셨다. 사도 바울이 고린도 교회가 행해야 할 바를 그 교회에 가르칠 때 그는 고린도 교인들이 그렇게 행할 때 그의 영이 그들과 함께 있을 것이라고 표현했다. 그러나 주 예수님의 권세로 범죄자를 "사탄에게 내주고" 범죄자를 자신들의 공동체에서 "내쫓는" 이들은 여전히 고린도 교인들이었다(고전 5장). 물론 지역 교회는 목회자와 한마음으로 행동해야 하며 어떤 경우든 목회자를 통해서 행동하며, 목회자는 자신의 주교와 상의해야 한다. 그러나 성경적인 징계는 본질적으로 지역 교회 안에서 행해지는 것이지, 주교가 주관하는 것이 아니다. 다시 말해 회중 중심이지, 주교의 관리 아래 있는 것이 아니다. 죄를 범한 곳은 지역 교회다. 공적인 고백이 일어나야 할 곳은 지역 교회다. 징계를 집행하고, 매고 푸는 하나님이 주신 권세를 사용할 책임이 있는 곳도 지역 교회다.

그룹 토론 문제

1. 아침 기도와 저녁 기도와 성찬례 때 우리가 함께 드리는 죄 고백이 좀더 실제적이 되려면 어떤 방법들이 있겠는가?
2. 당신은 웨슬리 식의 속회 모임이나 동아프리카의 공동체 모임과 비슷한 어떤 것이 교회에서 보편적인 것이 되었으면 좋겠는가? 그렇다면, 야고보서 5:16의 명령과 그것을 어떻게 관련짓겠는가?
3. 당신의 지역 교회의 구성원이 어떤 심각한 공개적인 죄를 지은 것이 알려졌다고 해 보자. 어떤 행동이 그 회중을 향한 하나님의 이상적인 뜻이라 생각하는가?

4장
사제에게 하는 비밀 고해 1
사역자의 권한

서론에서 나는 죄, 고백, 죄 사함이 불가분의 관계에 있다는 사실은 여러 교파에 속한 그리스도인들 사이의 공통된 토대라고 말했다. 죄 사함을 받기 위해서는 죄 고백이 반드시 필요하다는 데 우리 모두 동의한다. '우리 죄를 누구에게 고백해야 하느냐' 하는 질문에 대한 대답으로, 성경은 은밀한 죄는 은밀하게 (하나님께) 고백해야 하고, 사적인 죄는 사적으로 (우리가 잘못을 범한 동료 인간들에게) 고백해야 하고, 공적인 죄는 공적으로 (지역 교회에) 고백해야 한다고 가르친다는 것을 살펴보았다. 이제 우리는 좀더 구체적인 질문을 할 수 있는 지점에 와 있다. 이런 성경적인 틀 속에, '비밀 고해', 즉 사제의 '귀에 대고 하는' 고백, 종교개혁자들이 간혹 '귓속말' 고백이라 부르는 이 관행이 들어갈 자리가 있는가? 우리는 이것이 공개적인 고백과 공개적인 형벌이라는 건전한 징계로부터 나온 것이라는 사실과, 주후 1215년 교황 이노켄티우스 3세의 주도 아래 열린 라테란 공의회에서 모든 그리스도인은 적어도 1년에 한 번 필수적으로 이를 행하도록 했다는 사실을 살펴보았다. 우리는 또한 오늘날 로마 가톨릭은 주 1회의 고해를 실천하고 있으며, 지난 세기 초에 일어난 트랙트 운동(Tractarian Movement: 성공회 내 전통 회복 운동—편집자 주) 이후로 주 1회 혹은 덜 정기적인 고백은 성공회에 속한 앵글로-가톨릭 신자들 사이에도 널리 퍼져 있다는 사실을 분명히 알고 있다. 더욱이 오늘날 '앵글로-가톨릭'이라는 이름을 반기지 않는 성공회 교인들도 이런 관행을 추천하는 것이 일반적인 일이다.

먼저 나는 잠시 성경적인 근거에 대한 질문은 접어 두고, 순전히 역사적인 관점에서 볼 때, 초대교회의 관습도, 또 영국 성공회의 예식서도 그 관행을 그리스도인의 삶의 정상적이고 합법적이고 건강한 것으로 지지하거나 권하지 않는다는 사실을 말하고 싶다. 초대교회를 연구하는 어떤 학자들은 교부들이 '고백'에 대해 언급하기만 하면, 그것이 사제를 향한 비밀 고해를 의미하는 것이라고 빨리 결론을 내리려고 한다. 그러나 존 쥬얼 주교는 "비밀 고해라는 단어는 고대 교부들 사이에서 결코 언급된 적이 없다"라고 쓰는 데 주저하지 않았다.[1] 리처드 후커는 한 걸음 더 나아가서, 소위 '사적인 참회'가 어떻게 '세례 이후에 지은 죄들을 사해 주는 성사'로 여겨지게 되었는지를 묘사하고 나서, 잠시 후에 이렇게 썼다. "감히 단언하건대, 그리스도가 오신 이후 수백 년 동안 교부들은 그런 견해를 가진 적이 없다. 그들은 우리 구세주의 말씀에서 비밀 고해, 즉 (그들이 오늘날 부르는 용어로는) 성사적 고백을 통해 사제가 사죄 선언을 해야 한다는 그런 말씀을 찾지 못했다." 그렇다면 이런 관습은 초기에 있었던 것이 아니었는가? 후커는 "초기에 있었던 것이 아니다"라고 대답하며 이렇게 말한다. "이런 견해들은 역사가 짧다. 고대에는 그것들을 알지 못했다. 그것에 대해 생각은커녕 꿈도 꾸지 못했다."[2] 그래서 「회개에 대하여」(*Of Repentance*)라는 설교의 저자는 성 아우구스티누스의 말을 인용한다. "마치 내 모든 질병을 치유할 수 있는 것처럼 내 고백을 들으려고 하는 사람들, 그들과 내가 무슨 상관이 있습니까?"[3] 그리고 전통적인 고교회파에 속한 사람이지만 프레드릭 메이릭(Frederick Meyrick)은 성 크리소스토무스의 설교들과 그의 「회개에 대하여」(*De Poenitentia*)로부터 상당 수의 인용문을 모았다. 거기서 죄인들에게 주어지는 권고는, 사람들 곧 그들의 "동료 종들"에게 죄를 드러내지 말고, 은밀하게 "모든 것을 보시는 하나님 외에 그 누구도 없는 상태에서" 죄를 드러내라는 것이다.[4]

종교개혁이 절정이 이르기 전인 16세기 초반에는, 성공회 성직자들도 아직 비밀 고해를 장려하고 있었던 것이 사실이다. 예를 들어, 1538년에 나온 13개 조항의 여덟 번째 조항에는 그것이 "매우 유용하고 반드시 필요한 것"이라 묘사되어 있다. 그때도 크랜머는 '필요한'보다는 '편리한'이라는 표현을 더 선호해서 그것은 "성경에서 명하지는 않는다"라는 표현을 덧붙이고자 했지만 말이다. 이듬해 나온 '6개 조항'은 '여섯 줄로 된 채찍'이라는 별명이 붙었는데, 헨리 8세가 무거운 벌로 반대자를 위협하면서까지 교리의 획일성을 강요하려고 했기 때문이다. 이 조항은 비밀 고해는 "보존되고 유지되어야 할 필요가 있으며, 하나님의 교회 안에서 자주 활용되어야 한다"라고 말한다.

종교개혁 쇠퇴기에 속한 1543년에 나온 유명한 「왕의 책」(*King's Book*, '그리스도인에게 필수적인 교리와 학식')은, 고해 성사를 "참회하는 죄인들이 죄를 사함 받기 위해 하는 일상적인 수단"이라 불렀다. 또 1548년에 나온 크랜머의 교리문답서 역시 그것을 '성사'로 부르며 세례 이후에 범한 죄를 사함 받기 위한 방법이라 불렀다. 그러나 같은 해(1548년)에 나온 그의 '성찬례 순서', 곧 영어로 쓰여 출판된 성찬례에 대한 최초의 글인 그 글은, 첫 번째 권고의 말씀에서 "공적인 죄 고백"과 "사제에게 하는 비밀스럽고 은밀한 고백"을 선택 가능한 것으로 언급했다. 그리고 한 쪽을 옹호한다고 해서 다른 쪽을 옹호하는 사람이 불쾌하게 여겨서는 안 되며, 자신의 양심을 따르고 긍휼히 여기며 살아야 한다고 권했다. 이는 그 다음 해에 나온 처음으로 개정된 '공동기도서'에 포함되어 있다.[5] 그러나 1552년에 나온 두 번째 '공동기도서'에서는 첫 번째 권고의 표현이 바뀌어 하나님께 드리는 은밀한 고백이 주의 만찬에 나아올 준비를 하는 일상적인 수단이 되었고, "하나님의 말씀을 맡은, 분별력 있고 학식 있는 사역자"에게 개인적으로 의존하는 것(이때까지는 "사제에게 하는 비밀스런 은밀한 고백"이라 불리지 않았다)은 "그런 식으로는 자기 양심을 잠잠하게 할 수 없는 사람"이 활용하는 예외적인 경우로 강등시켰다. 리들리(Ridley), 라티머, 비컨, 틴데일을 비롯한 종교개혁자들은 이에 대해 호감을 보이며 그것을 비정상적인 것으로, 그러나 고통스러워하는 양심을 구제하는 수단으로 언급한다. 이는 그들이 정기적인 사제의 사죄 선언의 필요성을 믿지 않았기 때문이다. 이런 점에서 1662년 '공동기도서'도 같은 입장을 취한다.

그러나 정기적인 비밀 고해를 활용하는 일이 왜 비난을 받아야 하는가? 나는 고해 관행의 오용에 근거한 대중적인 논증들을 가져오거나 그에 대해 자세히 설명하지는 않을 것이다. 생각이 올바른 '가톨릭 신자들'은 복음주의자들만큼이나 이런 상황을 개탄한다. 나는 종교개혁자들을 심하게 괴롭힌 것들, 다시 말해「제2교리서」에 나온 말대로, "누구든 자기 죄들에 번호 붙이기를 해야 한다는 것은 진정한 그리스도인의 자유에 반하는 것"이라는[6] 주제에 대해서도 별 관심이 없다. 이런 관행이 고백을 듣는 사제의 영혼에 미칠 잠재적 위험에 대해 논의하는 데 시간을 쓰지도 않을 것이다. "아담의 후손 누구라도 안전하지 않은 자리에 있다"라는 J. C. 라일(Ryle) 주교에게 동의해야 하긴 하지만 말이다.[7] 우리가 전염병을 두려워하는 사람들처럼 "그 육체로 더럽힌 옷까지도 미워"(유 1:23)해야 한다면, 또 "그들이 은밀히 행하는 것들은 말하기도 부끄러운 것들"(엡 5:12)이라면, 나는 하나님이 사역자들에게 다른 사람들의 은밀한 죄 속으로 파고들라고 하시는지 상당히 의심스럽다. 비밀 고해를 하지 않는 사람들은 그것을 막아야 하고 비밀 고해를 하는 사람들은 그것을 버려야 한다고 내가 믿는 이유는, 오용 때문도 아니고 위험성 때문도 아니다. 그 관행 자체가 오해를 받고 있기 때문이다. 이러한 형태의 고백은 고백을 하는 참회자든지, 사죄 선언을 하는 사제든지 둘 다를 향한 하나님의 뜻과 목적이 아니라고 나는 주장하는 바다.

그러나 그 관행을 추천하는 이들이 주장하는 바는 정확히 이것이다. 먼저 그들의 주요한 논거는, 그것이 그 자체로 옳고 정당하다는 것이다. 사제가 참회자에게 이런 식으로 사죄 선언을 하는 것은 하나님의 계획이라는 것이다. 둘째로, 이는 참회자의 영적 여정에서 그에게 아주 실제적인 유익이 되는 방편이라는 것이다. 우리는 이번 장에서는 신학적인 논증을, 다음 장에서는 실제적인 논증을 할 것이다. 이런 식으로 기독교 사역자들에 대해, 또 사역자로서 그들의 권한의 성격에 대해 둘 다를 검토할 수 있을 것이고, 또한 각 그리스도인들과 그들의 영적 성장의 방법에 대해 검토할 수 있을 것이다.

'가톨릭'의 견해

둔스 스코투스(Duns Scotus) 같은 중세의 신학자들은, 그리스도께서 사제들에게 천국의 열쇠를 주었으며 따라서 가톨릭 사제들의 선언으로만 사람들에게 천국을 열어 줄 수도 있고 닫을 수도 있다고 아주 분명하게 가르쳤다. 더 정확하게 말하자면, 원죄와 세례 이전의 죄들은 세례를 통해 지워지고, 세례 이후 지은 가벼운 죄는 참회와 미사를 통해, 그리고 세례 이후에 지은 치명적인 죄는 고해 성사에 의해 지워졌다. 비록 부분적이긴 하지만 말이다. 트렌트 공의회는 13회와 14회 회의에서, 비밀 고해를 포함한 고해 성사를 성찬에 참여하기 위한 필수 요건으로 정하고, 하나님이 그것을 정하셨다는 것이나 그것이 구원에 꼭 필요하다는 것을 부인하는 이들은 파문했다. 이러한 결정은 모든 가톨릭 신자들을 묶어 주는 정기적인 관행이 되었다. 종교개혁자들에 맞서 로마를 변호하려고 노력한 16세기 예수회의 벨라르미네(Bellarmine) 추기경에 따르면, 그리스도께서는 "사제들을 그런 면에서 심판자로 정하셨으므로 세례 이후 죄를 지은 사람은 누구도 그들의 선언 없이는 하나님과 화해할 수 없다"라고 했다.[8]

이는 여전히 로마 가톨릭 교회의 공식적인 가르침으로서, 이는 사제직에 대한 그들의 교리에 기초하고 있다(이를 파악하는 것이 중요하다). 고백에 대한 그들의 견해는 사죄 선언에 대한 그들의 견해에서 나왔으며 그 견해에 의존하고 있다. 루드비히 오트(Ludwig Ott)의 책 「가톨릭 교리의 핵심 내용들」(*Fundamentals of Catholic Dogma*)에 따르면,[9] 그 논증은 이렇게 진행된다. 마가복음 2:5-6, 누가복음 7:47-48에 나오는 것처럼 예수님은 이 땅에 오셔서 사람들의 죄를 사해 주셨다(p. 419). 그분은 이렇게 죄를 사하는 동일한 권세를 "사도들과 그들의 합법적인 후계자들"에게 부여하셨다(p. 417). "차별 없이 모든 신자에게가 아니라…그 계층에 속한 이들에게만" 부여하셨다(p. 439). 즉, 가톨릭 사제들이다. 예수님은 천국의 열쇠들에 대한 말씀에서, 또 매고 푸는 것에 대한 말씀에서 그들에게 그 권세를 약속하셨다. 이 둘 다에 "죄를 사하는 권세"가 포함되어 있으며(p. 418), 그 후 실제로 그것을 "부활하신 날 저녁에" 그들에게 넘겨주셨다. 그때 예수님은 그들에게 "아버지께서 나를 보내신 것같이 나도 너희를 보내노라.…너희가 누구의 죄든지 사하면 사하여질 것이요, 누구의 죄든지 그대로 두면 그대로 있으리라"라고 말씀하셨다(pp. 418-419). "이런 죄를 사하는 권세는, 종교개혁자들이 해석하듯이 단지 죄 사함의 복음을 선포하는 권세뿐 아니라, 실제로 죄를 사하는 온전한 권세까지도 포함한다."(p. 417) 즉, "가톨릭 교회는, 사죄 선언의 권세는 진정한 실제적인 권세라고 분명하게 주장한다. 이를 통해 하나님께 범한 죄들이 즉시 사함을 얻는다. 그 증거는 요한복음 20:23에 나온다. 예수님의 말씀에 따르면, 사도들과 그들의 후계자들이 죄를 사해 줄 때, 그 결과로 하나님이 그 죄들을 사하신다. 적극적으로 죄를 사하는 행동과 소극적으로 사함을 받는 것 사이에는 인과 관계가 있다."(p. 422) 사제들의 사죄 선언은 "죄 사함을 말로 표현하는 것만이 아니라 실제로 죄를 사하는 결과를 가져온다."(p. 436)

뿐만 아니라 "사제들의 사죄 선언은 사법적인 행위다."(p. 423) 따라서 그것은 "세 가지 필수적인 요소, 즉 (a) 사법적인 권세(*auctoritas iudicalis*), (b) 사실에 대한 지식(*cognitio causae*), (c) 사법적인 선고(*sentencia iudicalis*)를 포함한다."(p. 424) 이 세 가지 중 두 번째는 꼭 필요한데, 이는 만약 사법적인 선고가 "그 죄인의 양심의 상태…와 관련이 없다면" 사법권을 가진 자가 부과하는 사법적인 선고는 제멋대로 한 것이 될 수 있기 때문이다. 그 선고는 사실들에 대한 지식에 근거해야 하며, 따라서 "죄와 죄인의 성향에 대한 면밀한 조사"를 전제로 한다(p. 424). 우리는 고백이라는 주제가 도달하게 되는 간접적인 길에도 주목해야 한다. "특별한 죄 고백으로 구원을 받아야 한다는 것과 그것을 위한 제도는 성경에 분명하게 명시되어 있지는 않다"라는 사실은 인정된다. 그러나 "죄를 사하는 사법적인 권세가 있다면 반드시 따라 오는 것이 그것이다. 고해 성사를 담당하는 자가 참회자의 죄와 성향 둘 다를 알고 있다면, 죄를 사하거나 그대로 두는 권세를 적절하게 행할 수 있다. 그러나 이를 위해 참회자의 자기 고백도 필수적이다." 따라서 고백은 "죄를 참회하는 자가 온전한 권한이 있는 사제 앞에서, 열쇠의 권세를 가진 그로부터 사함을 얻기 위해 스스로 죄를 인정하는 것"으로 정의된다. 그러므로 "고해 성사는 하나님이 명하신 것이며 구원에 꼭 필요하다."(p. 431)

로마 교회의 공식적인 가르침이 담긴 이 글에서 알 수 있는 것은, 비밀 고해라는 관행은 사제직에 대한 교리와 죄를 사하는 그 독특한 권한에 근거하고 있다는 것이다. 그들의 토대가 되는 교리가 잘못되었음을 보일 수 있다면, 고해 관행(적어도 그들이 묘사하는 대로) 역시 신뢰를 잃을 것이다. 비밀 고해를 추천하는 성공회 저자들은 일반적으로 그들의 주장의 근거를 사제직에 대한 '가톨릭의' 교리에 두지 않는다. 그들은 사죄 선언에 대한 교리적인 견해보다는 오히려 고백의 실용적인 유익을 가지고 자신의 주장을 펼치는 경향이 있다. 하지만 그들의 입장도 여전히 요한복음 20:23에서 나온 것이다. 핼리팍스 경(Lord Halifax)은 1901년 12월에 열린 풀럼 회의에서 이렇게 말하는 데까지 나아갔다. "사죄 선언 행위는 그저 선언만 하는 것이 아니라 죄 사함을 전하는 중요한 역할을 한다."[10] 후에 그는 "사람들은 마음의 평안을 얻기 위해, 즉 주로 조언을 듣기 위해서가 아니라, 우리 주님이 명하신 대로 그들의 죄에 대한 사죄 선언을 얻기 위해 고백을 하러 간다."[11] 「평안히 가라」(Go in Peace)에서 므낫세(Manasses: 핼리팍스 경의 필명—편집자 주)는 "우리는 사죄 선언을 받으려고 사제에게 고백하러 간다"라고 썼다. 비록 이는 "우리 죄에 대해 하나님의 사함을 받기 위한 것"이라고 덧붙이고 있긴 하지만, "그러면 그 사제가 당신에게 사죄 선언을 할 것이다" 혹은 "우리는 사죄 선언을 받으며 그것은 이 성사에서 최고의 선물이다"와 같은 표현을 하는 것을 그는 꺼리지 않는다.[12] 윌프레드 녹스(Wilfred Knox) 역시 이렇게 썼다. "그의 특별한 죄에 대해 그에게 사죄 선언이 주어진다. 그 용서는 예수님이 십자가에서 죽으심으로 영 단번에 모든 인류를 위해 이루신 용서다." 비록 사제는 "죄 사함을 주는 자가 아니라 하나님의 선물의 전달자"라고 덧붙이고 있긴 하지만 말이다.[13] 다시 케네스 로스(Rev. Kenneth Ross)는 친절하게도 내게 보여 준 「고백에 대한 가르침」(Instruction on Confession)이라는 책의 서두를, "(1) 예수님이 죄를 사해 주셨다.… (2) 예수님은 명확하게 그 권세를 넘겨주셨다(요 20:21-23)"라고 시작한다. 그리고 나서 그는 그 두 행위는 동일하다고 전제한 후, 그 권세는 먼저 세례와 교회의 징계를 통해 행사되었고, 이제는 개인적인 고백과 사죄 선언을 통해 행사된다고 주장하는 데로 나아간다. 이러한 인용문들을 보건대 다음과 같이 말하는 것이 온당할 듯하다. 비록 앵글로-가톨릭 저자들은 사제들의 사죄 선언 권한에 대해 로마 가톨릭처럼 정밀하게 정의하지 않지만 혹은 그러한 고백을 "구원에 꼭 필요한 것"으로 의무화하지는 않지만, 그래도 여전히 사죄 선언을 고백의 가장 중요한 유익이라 여기고 사제는 참회자에게 그것을 '주는' 독특한 권한을 가지고 있다고 믿는다. 그들은 고해 성사는 엄밀하게 말해서 **사제에게** 하는 것이 아니라 "하나님의 이름으로 죄를 사하는 권한을 부여받은 사제 앞에서 하나님께 죄를 고백하는 것"이라는 데 동의할 것이다(Oxford Dictionary of the Christian Church). 그러나 근본적인 질문은 여전히 남는다. 이 권한은 어떤 것인가?

성경의 가르침

우리는 이미 죄를 사하는 사제의 독특한 권한에 대한 주장이 기초로 삼고 있는 예수님의 세 가지 말씀에 대해 언급했다. 그 말씀들은 명시적으로 혹은 암시적으로 표현된 세 쌍의 행동에 대해 이야기한다. 바로 잠그고 여는 것("천국 열쇠"라는 선물에 암시되어 있는, 마 16:19), 매고 푸는 것(마 16:19; 18:18), 사하는 것과 그대로 두는 것(요 20:23)이다. 종교개혁자들은, 앞의 두 쌍은 세 번째 내용에 대한 은유적 표현이며, 마태복음 16장과 18장에 약속된 것이 실제로 요한복음 20장에 주어져 있다는 것, 혹은 이 세 본문은 죄 사함과 죄 사함을 보류하는 것과 연결된 어떤 권한을 언급한다는 로마 가톨릭의 견해에 이의를 제기하지는 않는다. 그러나 그들은 이 권한은 사제직에 있는 것이 아니라 복음에 있다고, 사람의 말에 있는 것이 아니라 하나님의 말씀에 있다고 주장했다. 예수님이 자신의 교회에 주신 열쇠는 "다름 아닌 하나님의 거룩한 말씀"이라고 로버트 반즈(Robert Barnes)는 썼다.[14] "오로지 이 말씀을 통해서만 우리 양심이 죄의 속박에서 풀려나고 해방된다." 이 열쇠를 소유한 사도들은, "사람들이 말씀을 믿지 않을 때 그 말씀을 묶고, 말씀을 믿을 때 그 말씀을 풀었다. 이렇게 그들은 한 말씀으로 구원과 영원한 멸망 둘 다를 선포했다.…" 비컨은 아주 유사한 용어로 다음과 같이 같은 확신을 표현했다. 하나님의 말씀을 전하는 설교자들은 "말씀을 푼다. 즉, 신자들에게 그리스도께서 이루신 죄 사함을 선포한다. 그들은 또한 매기도 한다. 즉, 믿지 않는 이들에게 영원한 멸망을 선언한다."[15] 윌리엄 틴데일은 좀더 명확하게 이렇게 썼다. "매고 푸는 것은, 고린도후서 3장에서 볼 수 있는 것처럼 하나님의 율법 그리고 복음 혹은 약속들을 선포하는 것이다. 거기서 바울은 율법을 선포하는 것을 죽음과 멸망의 직분이라 부르고, 약속을 선포하는 것을 영과 의의 직분이라 부른다."[16]

쥬얼은 「변증에 대한 옹호」에서 매고 푸는 것을 다음과 같이 설명했다. 사역자가 말씀을 "푸는" 방식은, "복음을 선포함으로써 낮아져 깊이 뉘우치는 심령으로 진실한 회개를 하는 이들에게 그리스도의 공로와 온전한 용서를" 제시하는 것이다. "이때 그는 확실하고 의심의 여지가 없는 죄 사함과 영원한 구원의 소망을 선언한다." 또 말씀을 "매는" 때는, "믿지 않고 완고한 이들에게 하나님의 복수와 영원한 형벌을 선언하며 천국의 문을 닫는 때다."[17] 쥬얼은 「변증에 대한 옹호」에서 교부들을 인용하여 열쇠들에 대한 자신의 해석을 뒷받침했다. "우리는 크리소스토무스와 함께 '열쇠들은 성경에 대한 지식'이라 말한다. 우리는 테르툴리아누스와 함께 '열쇠들은 율법에 대한 해석'이라 말한다. 그리고 우리는 유세비우스와 함께 열쇠들을 '하나님의 말씀'이라 부른다."[18]

물론, 열쇠로 잠그고 여는 것, 매고 푸는 것, 죄를 사하고 그대로 두는 것을 단순한 동의어로 전제하는 것에 종교개혁자들이 다소 무비판적이었다는 것은 인정해야만 한다. 그렇다면 이제 이를 따로따로 살펴보자. 우리는 열쇠들이 시몬 베드로에게 개인적으로 주어졌음을 부인할 수 없다. "지식의 열쇠를 가져가서" "천국 문을 사람들 앞에서 닫은" 서기관과 바리새인들(눅 11:52; 마 23:13)과는 달리, 베드로는 열쇠들을 사용해 문을 열어야 했다. 실제로 그는, 먼저 유대인들에게(행 2:38 이하), 두 번째로 사마리아인들에게(행 8:14 이하), 그 다음에는 이방인들에게(행 10-11장; 참고. 15:7) 그렇게 했다. 열쇠들을 가짐으로써 그가 갖게 된 유일한 특권은, 천국 문을 엶에 있어 역사적인 우선권을 갖는 것이었지, 영원한 최고의 지위가 아니었다.

예수님은 베드로에게 "천국의 열쇠"를 주신다는 약속을 하자마자, 곧 그에게 계속해서 이렇게 말씀하셨다. "네가 땅에서 무엇이든지 매면 하늘에서도 매일 것이요, 네가 땅에서 무엇이든지 풀면 하늘에서도 풀리리라"(마 16:19). 그 후에는 이 권한을 각 지역 교회로까지 확장하셨다(마 18:17-18). 중성의 '무엇이든지'(whatsoever, 사람이 아닌 사물을 가리키는 듯한)를 사용했다는 것, 그리고 행위의 영역에서 허용하고 금지하는 것에 대한 랍비식의 은유를 사용했다는 것은,[19] 존 워즈워드(John Wordsworth) 주교의 다음과 같은 의견을 확증해 준다. "우리는 이 본문에서 교회의 규범을 세우는 일이 타당하다는 근거를 얻을 수 있다. 그러나 사람들을 향한 참회 사역은 아니다."[20] 더욱이 앞의 장에서 보여 주었듯이, 마태복음 18장의 문맥은 우리 주님이 교회의 징계를 염두에 두고 있었음을 암시한다. 즉, 그것은 범죄자를 파문하고, 그가 회개했을 때 그를 회복시키는 권한이다. 그래서 후커는 그것을 이렇게 표현했다. "교회는 교회의 징계를 통해 맨다." 그리고 "교회는 이전에 그렇게 매었던 끈, 사슬을 푼다."[21] 이 점에서 교회는 교회에 대해 죄를 범한 이들을 완벽하게 사해 줄 권한을 갖는다. 그러나 하나님께 죄를 범한 이들을 사해 줄 권한은 없다.

열쇠의 권세와 매고 푸는 행위가 반드시 하나님께 범한 죄를 사함 받는 것을 가리키지 않는다 하더라도, 죄를 '사하고' '그대로 두는 것'에 대한 요한복음 20:23의 직접적인 진술은 분명히 그것을 가리킨다. 이제 우리는 두 가지 질문에 직면한다. 첫째, 이 권한은 누구에게 주어진 것인가? 둘째, 이 권한은 어떤 내용인가? 사죄 선언의 권세가 사도들과 그들의 후계자들인 사제들에게만 주어져 있다는 것은 로마 가톨릭 체계의 필수적인 부분이다. 그러나 이는 입증할 수 없다. 그 권세의 위임에 대한 언급이 없다는 것, 그 권세를 위임받은 사람이 누구인지 밝혀져 있지 않다는 것, 기독교 교회에 사제 사역이 있다는 언급이나[22] '사죄 선언'은 '사제들'의 필수적인 기능이었다는 언급이 신약 성경에 없다는 것은 차치하고라도, 요한복음 20:23에 기록된 부활하신 예수님의 말씀이 사도들에게만 주어진 것이라는 어떤 증거도 없다. 아버지가 아들을 보낸 것처럼 그들을 세상 속으로 보내신다는 대위임령이 사도들에게만 주어진 것인가? 오순절에 아주 극적인 모습으로 오신 성령은 사도들에게만 임한 것인가? 우리 주님이 보내신 이들 혹은 성령을 주신 이들이 사도들만이라고 할 수 없다면, 죄를 사하고 그대로 두는 것에 대한 그분의 약속이 사도들에게만 주어졌다고 할 수 없다. 더욱이, 사죄 선언을 하는 권세가 모든 사도에게, 그 사도들에게만 주어져 있다면, 그 자리에 없었던(요 20:24) 도마는 거기 포함될 것이지만, 그 자리에 있었지만 엠마오로 갔던 제자들과 다른 이들은 배제될 것이다(눅 24:33 이하). 그러나 예수님이 이렇게 차별을 하셨다는 언급은 없다. 그러므로 이 권한은, 대위임령과 성령에 대한 약속처럼, 모든 교회를 형성하는 핵으로서 그곳에 참석

했던 모든 이에게 차별 없이 주어졌다고 결론지어야 한다.

그렇다면 이 권한은 어떤 권한이었는가? 실제로 예수님은 당신이 직접 주장하셨고 행사하셨던(막 2:7), 죄를 사하는 동일한 권한을 교회에 전수하셨을 것 같지가 않다. 예수님의 말씀을 듣던 이들이 그분을 신성모독으로 고소한 것은 이해할 만하다. 그들은 죄를 사하는 것을 하나님의 특권으로 여기고 있었기 때문이다. 더욱이 예수님은 '인자'(메시아의 이름 중 예수님이 가장 좋아하셨던)로서 이런 권세를 갖고 있다고 주장하셨다. 마가복음의 이 장에 나오는 다른 논쟁 이야기에서, 예수님이 자신을 죄인들을 위한 좋은 의사로, 하늘의 신랑으로, 안식일의 주인으로 주장하심으로써 자신의 행동을 변호하셨던 것처럼 말이다(17, 19, 28절). 우리는 이런 직위들이 교회에도 전수되었다고 여기는 것인가? 그렇지 않다. 이런 이름들과 그에 수반되는 기능들은 예수님께만 배타적으로 속한 것이다. 그것은 그분이 어떤 분이셨는가 그리고 그분이 어떤 분이신가 하는 것 때문이다. 우리는 예수님이 하신 것처럼 죄를 용서할 수 없다. 우리가 죄인들의 의사도, 교회의 신랑도, 안식일의 주인도 아닌 것처럼, 인자도 아니기 때문이다. 그러므로 교회가 사람들의 죄를 '사하기도' 하고 '그대로 두기도 하는' 것에 대한 예수님의 묘사는, 죄를 사함 받거나 받지 못하는 어떤 상황에 대한 교리를 극적으로 표현한 것으로 해석해야 한다. 이는 예수님의 다른 아주 놀라운 표현들, 즉 우리 부모를 '미워하라'는 말씀, 우리 눈을 '빼 버리라'는 말씀, '우리 십자가를 지라'는 말씀,

'우리 생명을 버리라'는 말씀과 비슷한 것이다. '사하는 것'과 '그대로 두는 것'이라는 동사들을 강력한 신념을 나타내는 극적인 표현으로 해석하는 것은, 사람들이 '하나님의 옳으심을 드러낸' 것(눅 7:29; 후커처럼) 그리고 틴데일이 주장하듯 예레미야가 "설교와 예언을 통해" 유다의 '멸망'과 '형성'을 이야기하는 모습과 일맥상통한다.[23]

이 논쟁적인 절을 어떤 원리로 이렇게 해석하느냐는 질문을 받는다면, 우리는 이렇게 대답할 수 있다. 성경 해석의 기준 중에서 가장 중요하고 신뢰할 만한 두 가지 원리, 즉 병행 구절과의 비교와 원 독자들의 이해라는 원리다. 성경을 성경과 비교해 보면, 그리고 특히 여기 요한복음과 누가복음 24:46-49에 기록된 대위임령의 내용을 비교해 보면, 세계 복음화와 성령의 선물 그리고 죄 사함을 베푸는 것에 대한 동일한 언급을 찾을 수 있다. 그러나 요한복음에서 사도들의 행위로 묘사된 '죄를 사하는 것'이 누가복음에서는 그들이 예수의 이름으로 모든 족속에게 전해야 할(47절) 메시지의 내용이다. 이 병행구에 대한 자연스러운 해석은, 요한의 표현은 누가복음의 내용을 훨씬 강력하게 나타낸 경우이며, 따라서 같은 방식으로, 즉 극적인 표현으로 해석해야 한다는 것이다.

해석의 두 번째 원리는 원 독자들의 이해와 관련이 있다. 우리는 항상 성경에 후대의 생각을 덧붙이는 것을 경계해야 한다. 요한복음 20:23을 사법적인 사죄 선언의 권한을 부여한 것으로 보는 '가톨릭'의 해설에 대한 치명적인 반대 논증은, 사도들은 그것을 그런 식으로 이해한 듯 말하거나 행동한 적이 전혀 없다는 것이다. 그들이 자신들에게 그런 권한이 주어졌다고 믿었다는 증거가 신약 성경에는 전혀 없다. 그들은 이런 권세를 주장하지도 않았고 그것을 행사하지도 않았다. 오히려 그들은, 하나님이 그리스도를 통해 사람들의 죄를 사하실 것임을 권위를 가지고 선언했고, 그 다음에는 회개한 신자들이 세례를 통해 교회로 들어오도록 해 주었다(행 2:38 이하; 3:19; 13:38-39; 22:16; 26:17-18 등). 마찬가지로, 서신서에도 또 목회서신에조차 개인적인 고백과 사죄 선언에 대한 암시로 해석할 수 있는 구절들은 없다. 우리가 보는 것은 "[우리가] 그리스도 안에서…그의 피로 말미암아 속량, 곧 죄 사함을 받았다"(엡 1:7; 골 1:14)라는 승리에 찬 확언뿐이다. 바울은 교회에 위임된 "화해의 사역"을, 화해의 메시지를 선포하는 것으로 그리고 그리스도의 대사로서 사람들에게 하나님과 화해할 것을 호소하는 것으로 이해했다(고후 5:18-21). 비컨이 말하듯이 "사도들은 하나님의 말씀을 선포하는 것 외에 어떤 사죄 선언도 하지 않았다."[24]

이런 성경의 자료들로 보건대 우리는, 부활하신 그리스도께서 자신의 제자들에게 주신 권한, 즉 죄를 '사하거나' '그대로 두는' 권한은 그것을 행할 수 있는 권한이 아니라 사역적인 권한이었다고 결론 내린다. 그것은 죄를 사하는 권한이 아니라 죄 사함을 전하는 권한, "말로만 이른 것이 아니라 또한 능력과 성령과 큰 확신으로" 복음의 약속들과 권고들—믿는 자에게는 구원의 약속, 믿지 않는 이들에게는 심판의 경고—을 선포하는 권한이다(살전 1:5). 더욱이 이 권한은 그리스도께서 전체 교회에, 전 세계적 위임령과 성령의 선물을 받은 교회에 주신 것이었다. 쥬얼 주교가 썼듯이, "그리스도의 제자들은 이 권한을 위임받았다. 그것은 그들이 사람들의 개인적인 고백을 들어야 한다는 것이 아니라…땅 끝까지 가서 복음을 가르치고 공표해야 한다는 뜻이다."[25] 이는 주로 말씀을 전하도록 정식으로 부름받고 안수를 받은 목회자들을 통해 행사되는 권한이지만, 이는 꼭 필요한 제한이라기보다는 편의에 따라 그렇게 한 것이다. 그리스도를 통해 죄를 사하시는 분은 하나님이시다. 그리고 교회의 목회자들을 통해 하나님의 죄 사함을 선포하는 것은 바로 교회다.

'공동기도서'

그렇다면 이제, 죄를 사하거나 그대로 두는 이 권한이 교회에 의해 사역자들에게 위임되었다는 해석이 성공회의 '공동기도서' 내용과 일치하는가 하는 질문을 할 수 있다. 앞선 주장들은 '성직 서품 예식', 성찬례의 '첫 번째 권고' 그리고 1662년에 나온 '병자 방문 예식'에서 사역자들에게 귀속된 권한과 모순되는 것이 아닌가? 이들은 서품을 받은 사제에게는 죄를 사해 주는 권세가 있다고 암시하지 않는가? 이런 질문들은 종종 제기되는데 이에 대해서는 분명하게 대답을 해야 한다. 더욱이 대답을 할 때 우리는 '공동기도서' 전체, 또 종교개혁자들의 글들, 여러 규약들과 설교집 같은 데서 표현된 우리 종교개혁자들의 잘 알려진 의견들과 양립할 수 없는 설명을 하지 않도록 조심해야 한다. 우리는 그들의 논리적이고 일관성 있는 사고를 정당하게 평가하고, 혼란스러운 마음이나 자기 모순적인 발언을 그들의 탓으로 돌려서는 안 된다.

실제로 주교가 사제 후보생들에게 손을 얹고 하는 말은 세 부분으로 되어 있다. 첫 번째는 다음과 같다. "하나님의 교회의 사제 직분과 사역을 위해, 지금 우리의 안수를 통해 그대에게 임하는 성령을 받으라." 불행하게도 현대에는 '사제'(priest)라는 말이 모호한 면이 있지만, 종교개혁자들의 글들에서는 그렇지 않았다. 이 단어는 '장로'(presbyter)라는 단어의 영어 축약형으로, 성직자 기능을 하는 사람들을 구별해서 지칭한 것이 아니라—그래서 종교개혁자들은 이 단어를 버렸다—'주교, 사제(즉, 장로), 부제'라는 세 가지 직책에서 두 번째 직책을 가리키는 것이었다('성직 서품 예식'의 서문을 보라). 두 번째로, 예수님의 말씀이 인용된다. "너희가 누구의 죄든지 사하면 사하여질 것이요, 누구의 죄든지 그대로 두면 그대로 있으리라." 이 말은 13세기부터 개정 이전 예식서들에 나왔지만, 사제 서품 자체와 연관되어서 나오지는 않았다. 크랜머가 그것들을 "부수적인 위치에서 사제 서품의 한 형식으로 만들었다."[26] 그것들이 어떻게 이해되기를 의도했는지는 바로 따라 나오는 임무에서 명백해진다. "그리고 그대는 하나님의 말씀과 성사를 담당하는 신실한 그릇이 되라." 이는 후보생이 계속 무릎을 꿇고 있는 동안 이어지는 과정(*traditio instrumentorum*)에 의해 더 강화된다. 중세 예배에서처럼 "그대에게는, 하나님께 제사를 드리고 산 자와 죽은 자를 위해 미사를 집행하는 권세가 주어진다…"라는 말과 함께 그에게 빵과 포도주와 함께 성반과 성배가 주어지는 것은 아니다. 한 손에는 성경을, 다른 손에는 성배를 들고 있는 것도 아니다(1550년의 경우처럼). 오히려 "그대에게는 하나님의 말씀을 선포하고 회중 가운데서 성사를 거행할 권한이 주어진다"라는 말과 함께 성경만이 주어진다. 우리가 요한복음 20:23의 의미를 해석하는 맥락은, 설교와 성사 사역에서 이처럼 하나님의 말씀이 강조되는 상황이다. 드루리 주교는 이렇게 썼다. "우리가 그 엄중한 위임령의 원래의 깊이로 돌아가…종교개혁자들이 부여한 넓은 의미에서 이 말씀들을 읽을 때에만, 우리 교회는 위임령을 부여할 때 받은 바로 그대로의 어구를 후회 없이 사용하게 될 것이다."[27] 이는 교회의 메시지의 실체와 그것을 선포하는 권한 둘 다를 생생한 용어들로 보여 준다.

'성직 서품 예식'으로부터 성찬례의 '첫 번째 권고'로 눈을 돌려 보자. 종교개혁자들의 의도를 확인하는 가장 좋은 방법은 1549년 '공동기도서'의 표현이 1552년 기도서에서 어떻게 변경되었는지 그 중요한 방식을 비교해 보는 것이다. 1549년에는 공적인 고백의 대안으로 인식되었던, 사역자에게 개인적으로 의지하는 것이 지금은 예외적인 것이 되었다는 사실을 제외하고도, '고백'의 성격과 '사죄 선언'을 받는 방법과 관련하여 두 가지 중요한 변화가 있었다. 1549년의 기도서에도 여전히 "사제에게 하는 은밀한 고백"이 나와 있고, 양심의 가책을 받는 참회자에게는 다음과 같은 초청을 했다. "그를 나에게 혹은 하나님의 법을 가르치는 다른 신중하고 학식이 있는 사제에게 오게 해서 자기 죄와 슬픔을 은밀하게 고백하게 하라." 그러나 1552년 기도서에서는 양심을 진정시킬 수 없는 사람이 사제에게 와서 죄를 고백하는 것이 아니라, "하나님의 말씀을 맡은 신중하고 학식이 있는 사역자"에게 와서 "자기 슬픔을 내보여야" 했다.[28] 사죄 선언 역시 차이가 난다. 두 기도서 모두에서 참회자는 '조언'과 '충고'를 얻을 뿐 아니라 사죄 선언도 듣지만, 1549년 기도서에서는 "우리(하나님과 그분의 교회의 사역자들)가" 사죄 선언을 하고, 1552년 기도서에서는 "하나님의 거룩한 말씀의 사역으로" 그 일이 이루어진다. 확신을 주는 권위 있는 메시지는, 사람의 말이 아니라 하나님 그분의 말씀에서 나온다. 거들스톤(Girdlestone)의 다소 기발한 어구처럼 "방문자가 자신의 슬픔을 열어 보이는 동안 사역자는 자기 성경을 펼친다."[29] 이렇게 개인적인 '사죄 선언'을, 하나님의 말씀 사역을 통해 참회하며 믿는 죄인에게 죄 사함을 선언하는 권위로 해석하는 것은, 아침 기도와 저녁 기도와 성찬례 때의 공적인 사죄 선언과 조화를 이룬다. 이전의 예식들에서 사죄 선언은 명백하게 선언적이었다. 그리고 그것은 하나님이 "참회하는 자신의 백성들에게 그들의 죄가 사함 받았음을 선언하도록" 자신의 사역자들에게 주신 "권세와 명령"이었다. 그들은 '사죄'를 해주는 것이 아니라 그것을 선포한다. 죄 사함의 선물은 하나님이 주시는 것이다. "**그분이야말로**

그분의 거룩한 복음을 거짓없이 믿고 진실로 회개하는 모든 사람을 용서하고 그들의 죄를 사하시는 분이기" 때문이다. 그러므로 사역자는 하나님이 우리(사역자와 백성 둘 다)에게 "진정한 회개와 그분의 성령을" 주시도록 기도하라고 권하며 이 과정을 마무리한다. 그것이 없이는 하나님의 사함을 받을 수 없다. 성찬례에서는 사죄를 '해주는' 것도 없고, 사죄를 '선언하는 것'도 없다. 단지 "진심어린 회개와 진정한 믿음으로 그분께 돌아오는 모든 이에게 죄 사함"을 주시겠다는 하나님의 자비로운 약속에 근거하여 죄 사함을 위해 기도할 뿐이다. 이렇게 하나님의 약속을 언급한 다음에는 바로 네 개의 '위안의 말씀'(Comfortable Words)을 낭독함으로 그 약속을 더 공고히 한다. 그 말씀에는 복음의 약속들과 은혜로운 초대가 담겨 있다—사실 헤르만(Hermann)의 독일 예식서의 표현에서는 '복음-위안'(Gospel-comfort)이다. 따라서 다시 인간의 죄 사함과 그에 대한 확인은 하나님의 말씀에서 나온다.

'병자 방문 예식'의 한 지침은 이렇게 기술되어 있다. "만약 환자가 어떤 중대한 문제로 양심이 괴롭다면, 그로 하여금 자기 죄에 대한 특별한 고백을 하도록 한다. 고백을 한 이후 사제는 다음과 같이 그에게 사죄 선언을 하도록 한다(만약 그가 겸손하게 진심으로 그것을 원한다면)." 여기에서 주목해야 할 첫 번째 요점은 고백과 사죄 선언 둘 다 예외적이며 자발적이라는 것이다. 두 개의 '만약'으로 시작하는 가정문이 이를 보여 준다. 환자의 양심에 어떤 '중대한 문제'가 있을 때에만 그는 '자기 죄에 대한 특별한 고백을' 하고자 '감동받는다'(다시 말해, 명령이 아니라 권고를 받는다.)[30] 그리고 "그가 겸손하게 진심으로 그것을 원할" 때에야 사역자는 "그에게 사죄 선언을 한다." 이런 선택적인 사죄 선언은 어떤 형태로 이루어질까? 어떤 정해진 형식이 기술되어 있지는 않다. 이어지는 내용은 형식으로도 활용할 수 있고 어떤 유형으로도('다음과 같이') 활용할 수 있다. 이것은 두 가지 상호 보완적인 면으로 구성되어 있다. 첫 번째는, 예수 그리스도를 "그분의 교회에(그분의 사역자들이 아니라)" 사죄 선언을 할 수 있는 "권세를" 남겨 주신 분으로, "모든 죄인"이 아니라 "진정으로 회개하고 그분을 믿는" 이들에게 사죄 선언을 할 권세를 주신 분으로 인정하며, 그분이 "그분의 놀라운 자비로" 참회자의 죄들을 사해 주시기를 기도한다. 두 번째 부분에서 사역자는 이렇게 말한다. "나에게 위임된 그분의 권위로(다시 말해, 원래 그것을 받은 교회를 통해 내게 위탁된) 나는 아버지와 아들과 성령의 이름으로 그대의 모든 죄에 대해 그대에게 사죄 선언을 합니다. 아멘."

어떤 사람들은 이런 문구를 들어서, 성공회는 그 사역자들에게 사법적인 사죄 선언의 권세가 있음을 인정한다는 뜻이라고 한다. 분명 이것은 "내가 그대의 죄를 사하노라"(*ego absolvo te*)라는 '가톨릭' 형식이다. 하지만 그것을 '가톨릭적인' 방식으로 해석할 타당한 근거는 없다. 우리는 종교개혁자들의 신학적 입장에 비추어서만 그것을 이해할 수 있을 뿐이다. 아마도 그 표현은 모호하다는 청교도들에게 동의해야 할 것 같다. 그들은 사보이 회의(Savoy

Conference)에서, "내가 그대의 죄를 사하노라"에서 "나는 그대가 사함 받았음을 선포하노라"로 그 형식을 바꾸기를 원했다. 그러나 주교들은 원래의 말이 요한복음 20:23을 그대로 반영한 것이므로 "그들이 원하는 표현보다 성경에 더 일치하는 것이라고 올바르게 반응했다. 우리는 사역자의 사죄 선언과 그 이전과 이후에 사죄를 위해 하나님께 드리는 기도, 이 둘의 균형을 유지해야 한다. 그리고 종교개혁자들이 그랬듯이 그 선언 자체를 이해해야 한다.[31] 휴 라티머는 1552년에 했던, 주기도문에 나오는 용서를 구하는 기도에 대한 유명한 설교에서, "하나님의 말씀을 가르치는…경건한 사역자는 공적인 설교에서" 죄인들에게 사죄 선언을 할 수 있다고 주장했다. 그러고 나서 그것이 어떤 의미인지 계속해서 설명했다. "자신이 죄인임을 인정하며 자기 죄를 고백하고, 구세주의 고난을 통해 우리 구세주께서 그들의 죄를 없이하셨음을 믿고, 간절한 마음으로 죄에서 떠나려는 이들에게, 나는 기꺼이 '내가 그대의 죄를 사하노라'라고 말한다. 즉 나, 그리스도의 일꾼이자, 그리스도의 보물을 맡은 나는 그분의 이름으로 당신의 죄가 사해졌음을 선언한다. 이는 내가 하나님의 말씀으로 할 수 있는 사죄 선언이다."[32] '병자 방문 예식'에 나오는 사죄 선언은 이러한 권위 있는 말씀 사역을 개인적이고 특별하게 적용한 것이다. 그래서 드루리 주교는 링컨의 크리스토퍼 워즈워드(Christopher Wordsworth) 주교가 1874년에 한 목회 서신에 쓴 것을 인용했다. "'내가 그대의 죄를 사하노라'는 말로 우리는 우리 자신이 죄를 사하는 권세를 주장하는 것이 아니다. 단지 하나님으로부터 보냄 받은 사자로서 당신에게 증명하고 확인시켜 줄 뿐이다. 그분이 기꺼이 은혜를 베푸실 것임을,…당신이 진정으로 회개하고 적극적으로 믿고 열심히 사랑한다면…그분은 그리스도의 피로 당신의 죄를 깨끗게 하시며 다시는 그것을 기억하지 않으실 것임을."[33]

성경에 따르면, 하나님이 죄를 사하시는 방식은 명백하다. 하나님은 예수 그리스도 그분의 아들에게만, 우리 죄를 위해 죽으셔서 죄 사함을 위해 언약의 피를 흘리신 예수 그리스도에게만 죄를 사하는 권세를 주셨다. 예수 그리스도가 그분의 교회에게 주신 권세, 교회가 대부분(전체는 아니지만) 그 사역자들에게 위탁한 권세는, 그분의 이름으로 죄 사함의 복음을 선포하는 것이며(눅 24:47; 행 13:38, 39), 그들의 죄가 진실로 사함을 받음을 믿고 회개하는 이들에게 확실한 권위로 그것을 선언하는 것이다. 우리는 개인적으로 인간 사제에게 가서, 우리 죄를 고백하고 사죄 선언을 구하는 것은 하나님이 정하신 방식이 아니라는 결론을 피할 수 없다. 기독교 사역은 세례 요한의 사역과 비슷하다. 그것은 그리스도를 가리키는 이정표 같은 사역이다. 우리의 계속적인 주제는 "하나님의 어린양을 바라보라"여야 한다. 그러므로 우리는 죄인들에게 "내게로 오라"(우리가 다음 장에서 다룰 예외적인 경우를 제외하고는)고 말하지 않는다. 그것은 그리스도의 말씀이다. 우리가 할 말은 "그분에게 가라"이다. 정기적으로 비밀 고해를 하는 것은 참회자에게 손해가 된다(예수 그리스도께로 직접 갈 수 있는, 하나님이 그에게 주신 권리와 충돌하지는 않는다고 해도 그것을 혼란스럽게 하는 것이므로). 그것은 사역자에게 잘못 영광을 돌리는 것이다(그가 가지지 못한 죄 사함의 사법적 권위를 암시하므로). 그리고 그것은 예수 그리스도를 경멸하는 것이다(유일하고 온전히 충분한 우리의 구세주요, 중보자요, 대언자이신 그분의 독특성을 모호하게 하는 것이므로. 딤전 2:5; 요일 2:1, 2). 라일 주교는, "모든 제사장 중에서 최고이신 예수 그리스도 그분에게 다가갈 수 있는데, 세상의 고해 사제에게 가는 것은 어떤 의미이며 무슨 이유인가"라고 바람직한 질문을 했다. "그분의 귀가 멀고, 그분의 마음이 냉담해질 때, 그분의 손이 연약해지고, 그분의 치유하시는 능력을 다 써 버렸을 때, 그분의 공감의 보물 창고가 비어 있고, 그분의 사랑과 선의가 식어갈 때, 그때 비로소 세상의 사제들과 세상의 고해소로 가야 할 때가 올 것이다. 그때가 오지 않은 것에 대해 하나님께 감사하라!"[34]

그룹 토론 문제

1. 신약 성경에 근거해서, 죄인들에게 죄 사함을 가져다주시는 하나님의 일반적인 방법을 정확하게 정의해 보라.
2. 마태복음 16:19; 18:18; 요한복음 20:23을 주의 깊게 연구해 보라. 당신은 어떤 성경 해석의 원리에 따라 이 절들에 대한 '가

톨릭의' 입장을 인정하거나 부인할 것인가?
3. 1662년에 나온 '공동기도서'에서 성찬례 때의 '첫 번째 권고'와 '병자 방문 예식'을 읽어 보라. 이들로부터 '고백'에 대한 종교개혁자들의 입장을 요약해 보라.
4. 안수받은 사역자들은 (a) 사람들의 죄와 관련하여, (b) 교회의 징계와 관련하여 어떤 권한을 갖는가?

5장
사제에게 하는 비밀 고해 2
참회자의 필요

비밀 고해를 권하는 근거로 제시되는 두 가지 주요한 주장 중 첫 번째는 하나님이 그런 식으로 의도하셨다는(그분의 사제들에게 사죄 선언을 하는 권위를 주심으로) 신학적인 것이고, 두 번째는, 죄인들이 그런 방식을 필요로 한다는(우리에게 아주 유용하고 유익이 된다는 것) 실제적인 것이다. 종교개혁자들이 확실하게 동의하는 바는, 사제직과 사죄 선언의 비성경적인 면을 올바로 이해하고 잘라낸 다음에는, **예외적인** 경우를 남겨 두어야 한다는 것이다. 앞에서 보았듯이, 바로 이 점에서, '영국 공동기도서'가 비밀 고해에 대해 언급했음을 이해해야 한다. 다양한 학파의 현대 저자들은 비밀 고해를 의무적인 것으로 만들고 싶어 하지는 않지만, **정기적인 관습**이 되어야 한다고 강하게 촉구한다. 그들은 그것을 "특별한 질병에 대한 약"으로 보지 않고, "평소의 건강을 위한 영혼의

음식"으로 생각한다.[1] 그래서 P. D. 버터필드(Butterfield)는 "규칙적인 고해 성사를 그리스도인의 삶에서 유용함이 증명된 것 가운데 하나로" 권한다.[2] 윌프레드 녹스(Wilfred Knox)는 "고해 성사의 가치는 아무리 높이 평가해도 지나치지 않다"라고 말했다.[3] 에릭 제임스(Eric James)는 "성공회에 속한 모든 이가 고해 성사를 이용할 수 있다고 선포하기 위해, 가능한 모든 일을 해야 한다"라는 자신의 확신을 밝혔다.

솔직히 말해서 내가 보기에 이들과 다른 현대의 작가들은 편의주의 논증에 지나치게 의존하는 것 같다. 인간의 타락, 우리 죄와 죄책, 우리의 방종과 약함에 대해서는 우리 모두 동의한다. 우리는 "우리 안에 건강한 것이 없다"라는 것을 안다. 하지만 이에 대해 우리는 어떻게 대처하는가? 우리는 훌륭한 의사를 찾아가 그가 내린 처방에 따르기보다는 **우리가** 선호하는 치료법을 처방하느라 바쁘다. 그리스도인이 행동 방침을 판단하는 첫 번째 기준은, 그것이 가치가 있어 보이느냐가 아니라 그것이 옳으냐 하는 것이어야 한다. 우리가 어떤 관행에 대해 던져야 할 첫 번째 질문은 '그것이 유용한가?'가 아니라 '그것이 성경적인가?'이다. 그 관행이 죄인들의 구원과 성화를 위해 우리 구세주께서 은혜롭게 의도하신 뜻인가이다. 그렇지 않다면 무엇이 죄인들의 구원과 성화를 위한 그분의 뜻인가? 현대 저자들 중 멈추어 이런 질문들을 하고 그에 대한 만족할 만한 대답을 얻으려는 이들이 거의 없다는 것을 알고 나는 놀랐다. 이렇게 첫 번째 원칙에서 시작하는 데 실패한

많은 이들이 어떤 관행을 받아들이고 추천하기에 이르렀다. 그것은 분명 특별한 필요가 있는 일부 사람들에게는 도움이 되는 것이지만 보통의 그리스도인들에게 가장 좋은 길은 아니다. 그것은 그리스도인을 향한 하나님의 일반적인 뜻이 아니기 때문이다.

아마도 논의를 전개하는 최상의 방법은 정기적인 고백의 유익들을 검토해 본 다음, 이러한 유익을 보장할 수 있는 다른 더 좋은 방법을 조사해 보는 것인 듯하다. 참회자에게 요구되는 고백의 형식은, 자기 죄를 열거하고, 슬픔을 표현하고, 그것을 고치겠다고 결단한 다음, '고해, 조언, 사죄 선언'을 요청하는 것이다. 우리는 편의상 이런 요청들을 고백에서 얻을 수 있는 유익으로 볼 수 있다. '고해'는 우리를 겸손하게 하고 우리로 하여금 우리 죄들의 죄성을 보도록 해준다. '사죄 선언'은 하나님이 우리 죄를 사해 주심을 확신할 수 있게 해준다. 그리고 '조언'은 그리스도인으로서의 성장과 훈련으로 우리를 인도한다. 이는 분명 세 가지 아주 좋은 유익들이다. 우리는 모두 우리 죄의 중대함을 확인하고, 죄 사함으로 인해 위안을 얻고, 우리 죄를 정복하는 것과 관련해 조언을 들어야 한다. 그렇다면 질문은 이것이다. 이를 보장해 주는 하나님이 정하신 최고의 수단은 무엇인가?

회개

로마 가톨릭 신학자들에 따르면, 고해 성사는 '통회, 고백, 보상'으로 표현된다. '완전 통회'(contrition)는 다시는 죄를 짓지 않겠다고 결단하며 죄를 슬퍼하고 미워하는 것인 반면, '불완전 통회'(attrition)는 하나님에 대한 사랑에서 나온 것이 아니라 형벌에 대한 두려움 혹은 다른 더 낮은 동기에서 나온 불완전한 통회를 가리키는 데 사용되던 단어다. 더 나아가 그들은 고해 성사의 가장 중요한 효과 중 하나는 불완전 통회를 완전 통회로 바꾸어 주는 것이라고 가르친다. 그러나 성공회 신학자들은 이런 종류의 미묘함을 지지하기보다는, 참회자의 통회를 더 깊게 하는 데 고백이 얼마나 중요한지를 가르친다. 이것이야말로 그의 회개의 꼭 필요한 표지이며 죄 사함의 조건이다(시 51:17; 고후 7:10). 하나님은 "우리에게 더 깊은 참회를 하도록 요청하신다"라는 버터필드의 말은 누구도 부인할 수 없을 것이다. 그러나 "우리가 편견과 두려움을 버린다면, 그것은 고백으로 향하고 있다는 뜻이다"라는 그의 결론에 대해서는 의문이 생긴다.[4] 내가 이에 대해 의문을 제기하는 것은 그 관행이 인간의 자만에 대해 치르도록 하는 대가가 너무 작다고 생각해서가 아니라, 이것이 죄인을 겸손하게 하고 죄를 깨닫게 하는 하나님의 일상적인 방식이 아니라고 믿기 때문이다.

이 주장에 대해 좀더 살펴보자. 므낫세는 "고해 성사를 통해 슬픔이 더 커진다"라고 썼다. "다른 누군가가 우리의 말을 듣고 있다는 사실을 알면, 우리가 한 일 그리고 우리가 하지 못한 일에 대한 두려움이 커진다."[5] 에릭 제임스는 탕자 비유에 나오는 탕자가 아버지에게 사죄의 편지를 썼지만 "아버지의 얼굴 앞에서 그 죄를 인정하는 것은…훨씬 희생이 큰 일"이며 "더 깊은 화해"를 낳을 것을 알았던 것처럼, 우리는 우리가 혼자 있을 때보다 고해 성사에서 더 하나님과 가까이 "얼굴과 얼굴을 맞대고" 이야기할 수 있다고 주장했다. 그는 나중에 "이 성사는 회개를 훨씬 더 깊게 만들 수 있다"라고 썼다.[6] 그러나 이 요점을 훨씬 더 강조한 이는 윌프레드 녹스다. 그는 「참회와 죄 사함」(*Penitence and Forgiveness*)이라는 책에서 그것에 대해 여러 번 언급한다. 그는 "고해 성사를 우리 죄에 대해 충분히 슬퍼할 수 있게 해주는 수단으로" 묘사한다(p. 13). 어떻게 그렇게 되냐고 그에게 묻는다면, 그는 다음과 같이 대답할 것이다. "가장 힘든 일은 하나님의 임재를 의식하는 것이다"(p. 51). "우리 혼자서는 우리가 마땅히 느껴야 할 슬픔을 느낄 만큼 그분의 임재를 의식할 수 있는 것이 아니다." 하지만 "다른 사람에게 고백을 하면, 우리의 죄 고백에 전에는 없었던 전적으로 새로운 실재가" 생겨난다(p. 52).

그 주장은 분명하다. 우리는 좀더 깊이 참회를 해야 한다. 그런데 하나님께 드리는 은밀한 고백으로는 우리 참회를 더 깊게 할 수 없다. 그것은 우리에게 실제적이지 않기 때문이다. 그러므로 우리는 그것을 더 실제적으로 만들 수 있는 방법으로 고해 성사에 의지한다. 그러나 일부 저자들은 그 방법이 언제나 그렇게 작동하지는 않는다는 것을 솔직하게 인정하기도 한다. 비밀 고해는 다른 고백처럼 형식적인 것으로 퇴보하기 쉽고, 잭 윈슬로우(Jack Winslow)가 올바르게 말하듯이 "우리 동료들과 함께 정직함을 피할 수" 있다. "비밀을 지키겠다고 약속한 누군가 앞에서 우리의 가면을 벗을 수 있지만, 우리가 매일 함께 사는 사람들" 그리고 하나님 그분 앞에서는(그는 이렇게 덧붙였을 것 같다) 그 가면을 다시 쓴다."[7]

하나님께 하는 은밀한 고백은 비실제성에 빠질 위험이 크다는 사실에 충분히 동의하지만, 이에 대한 치료책으로 제안된 방식은 잘못되었다고 생각한다. 필요한 것은 하나님을 더 실제적으로 만들기 위한 인위적인 장치가 아니라, 성경적인 방법에 의지하는 것이다. 오순절 날 충만하게 오셔서 죄를 깨닫게 하시고 그리스도를 영화롭게 하셨던, 다시 말해 예수님을 보여 주시고 그분을 알게 해주셨던 성령에 대한 예수님의 약속을 잊었단 말인가?(요 16:8, 13) 오히려 나는, 고해 성사실에서는 하나님의 임재 가운데 죄를 더 깊이 깨닫게 된다는 믿음이, 성령에 대한 강한 믿음과 공존할 수 있는지 의심스럽다. 우리는 하나님이 약속하신 성령의 역할 가운데 하나가, 우리로 하여금 우리 죄를 알고, 느끼고, 애통하고, 혐오하고, 버리는 것이라는 믿음을 다시 붙잡아야 한다. 그리고 우리가 우리 죄를 피상적으로 보고 있음을 깨닫는다면 우리의 적절한 행동 방침은 고해 성사실로 도망가는 것이 아니라 성령께 부르짖는 것이다.

그렇다면 성령은 어떻게 죄를 깨닫게 하시는가? 그분이 사용하시는 도구는 하나님의 말씀이다. 이 책에 대참회 예배가 여러 번 언급되었던 것을 기억할 것이다. 그 의식은 이러한 '위험한 시대'에 악이 창궐한 모습을 애통하는 것으로, 그리고 교회에 공적

징계가 회복될 것을 소망함으로 시작한다. 이때 죄를 억제하는 치료책으로 제기되는 것은 고백이 아니라 '형벌 선언'이다. 이는 성경에 기록된, '회개하지 않는 죄인들을 향한 하나님의 저주의 말씀'을 모아 읽는 것이다. "이로 인해 오히려 더 진지하고 진정한 회개에 이를 수 있도록 하기 위함이다." 성령께서 그 말씀을 확증해 주신다면, 율법과 복음에 대한 선포는 참회를 일깨우고 더 깊게 할 수 있다. 오순절 날 베드로의 설교를 통해 일어난 일은 무리가 "마음에 찔려" "형제들아, 우리가 어찌할꼬?"라고 물었던 것이었고(행 2:37), 선지자 나단을 통한 동일한 하나님의 말씀 사역은 다윗의 회개와 고백을 불러왔다(삼하 12:1-2). 그러므로 만약 우리 속에 혹은 우리가 섬기는 회중 속에 혹은 전체 교회 속에 죄에 대한 인식이 결여되었음을 발견한다면(의심할 바 없이 우리는 오늘날 그런 상황에 있다), 추구해야 할 바른 길은 하나님의 말씀을 읽는 것이며, 성령께서 약속된 사역을 하셔서 우리의 나태한 양심을 깨워 주시도록 성령님께 겸손하고 진지하게 간청하며, 다른 사람들에게 신실하게 그것을 설교하는 것이다. 이 치료책은 고해보다 덜 정확하고, 덜 구체적이고, 잘 갖추어져 있지 않지만, 나는 감히 이것이 더 성경적이고 더 효율적이라는 것을 확신한다.

죄 사함에 대한 확신

비밀 고해가 가져다준다는 두 번째 유익은 죄 사함에 대한 확신이다. 죄의 속박에서 벗어나고 하나님의 죄 사함을 확신하는 일이 20세기보다 더 필요했던 적은 없다는, 이 주제에 대한 현대 저자들의 말에 우리는 동의한다. 잭 윈슬로우는 다음과 같이 영국의 한 유명한 정신병원 원장의 말을 인용한다. "내 환자들이 죄 사함을 확신할 수 있다면, 나는 내일 그중 절반을 퇴원시킬 수 있다."[8] 조지 맥클리오드(George MacLeod)는 그의 경험을 통한 힘과 설득력으로 이 주제를 다룬다. 그는 "(스코틀랜드 정신병원의 환자 중에서) 60퍼센트 가량이 어느 정도 죄책감 콤플렉스로 고통을 받고 있다는 것은 믿을 만한 주장이다"라고 쓴다. 그리고 그는 "마음을 털어놓고 싶은 욕구가 넘쳐나서 찾아온 수많은 정상인 환자들 때문에 일을 미루고 있는" 일반 의사에 대해 묘사한다. 그는 계속해서 이렇게 말한다. "우리는 말 그대로 수천 명의 우리 교인들이…해방될…필요가 있는 그런 세상에서 살고 있다.…우리는 자유로운 사람들이 전혀 없는 어떤 진공 상태에서 살고 있다."[9] 그가 과장을 하고 있는 것이 아니다. 그의 말은 정말 옳다. 사람들은 죄 사함과 그에 대한 확신을, 그리고 온전함과 해방을 간절히 바라고 있다.

그러나 다시 한 번 우리는 이 진단에는 동의하지만, 치료책에는 동의하지 않는다. "나는 진정한 고백의 결과에 관심이 있다. 그것은 사죄 선언이다"라고 조지 맥클라우드는 썼다. 그는 초기 켈틱 교회가 도입했던 고해 제도, 즉 그가 '향기롭고 아름다운' 제도라고 불렀던 그 제도와 함께 그 제도의 '아남차라'(*anamchara*), 즉 '영적 동반자'를 묘사하면서 사적인 사죄 선언과 공동체적인 사죄 선언의 새로운 통합을 촉구한다.[10] 윌프레드 녹스는 우리에게 자신의 문제를 아주 솔직하게 말한다. "참회가 단순히 영혼의 태도나 심리적인 상태로 여겨지는 한, 그 깊이와 진실함이 죄 사함을 받기에 충분하다고 내가 어떻게 확신할 수 있는가?" 그는 뒤에서 자신의 질문에 이렇게 답한다. "전체적으로 고해 성사의 가치는, 참회자로 하여금 공식적인 외적 행동을 통해 죄에 대한 슬픔을 표현할 수 있게 해주고, 그로 인해 자신의 참회가 하나님이 받으실 만하다고 믿으며 스스로를 정당화할 만큼 충분히 신실하게 회개했다고 스스로 만족하게 해준다는 사실에 있다." 그러나 그 확신은 그 자신의 고백을 통해서만 오는 것이 아니라 사죄 선언으로부터도 온다. 이로 인해 "그 참회자는, 과거의 죄가 없어졌다고 여기며 스스로를 정당화할 정도까지 죄 사함의 선물을 받았다는 사실을 확신한다."[11] 또 다른 저자들은 비밀 고해를 했던 개인적인 경험에 대해 말한다. 므낫세는 "그런 식으로, 그런 식으로만 우리는 평안을 찾는다"라고 말한다. 그리고 이렇게 덧붙인다. "사실, 많은 사람들이 비밀 고해의 방식을 통해 기독교의 의미를 발견했다고 말하는 것은 아마도 지나친 말이 아닐 것이다."[12] 잭 윈슬로우는 그것은 "죄의 짐을 지고 있는 많은 이들에게 풍요로운 축복"일 것이라고 확신했다.[13]

이런 구절들을 인용하는 나의 목적은 그들의 신실성이나 그들의 진실성까지 의심하려는 것이 아니라, 다시 한 번 이런 질문을 하려는 것이다. 이것이 진실로 하나님이 정하신 일반적인 방식인가? 이로 인해 우리 죄인들은 우리가 진 짐을 발견하고, 우리 죄에 대한 사죄 선언을 받고, 우리 죄를 사함 받고 평안을 얻는 것인가? 나는 그렇게 생각하지 않는다. 성경은 그렇다고 말하지 않는다. '공동기도서'도 마찬가지다. 죄 사함의 확신을 얻는 길은 죄를 깨닫는 길과 마찬가지로 하나님의 성령에 의해 우리 심령과 마음에 조명되는 하나님의 말씀을 통해서다. 하나님의 말씀의 사역보다는 의료적인 치료가 필요한, 깊은 억압과, 죄책감, 콤플렉스를 동반한 심리적인 질병들이 있다는 점에 나는 분명히 동의한다. 나는 고백을 통해서든 혹은 "수년 동안 억눌러 왔던 마음을 완전히 털어놓는" 다른 방법을 통해서든 "마음의 짐을 내려놓는 것을 통해" 해방의 경험을 한다는 사실이 걱정스럽다. 이는 영적인 것이기보다는 심리적인 것일 수 있으며 실제적인 하나님의 죄 사함의 증거로 보기 어려울 수도 있는 것이다.

그렇다면 우리는 어떻게 죄 사함을 얻고 그것에 대해 확신할 수 있는가? 앞에서 살펴본 대로, 오직 예수 그리스도께서 우리 자리에서 우리가 받아야 할 형벌과 심판을 견디심으로 십자가에서 우리 죄를 지셨기 때문에 오늘날 죄인들에게 죄 사함이 가능해졌다. 하나님은 그리스도께 자신들을 구원하시고 깨끗하게 해 달라고 청하는 사람들, 그리고 그분이 그렇게 하실 것을 믿는 사람들을 용납하시고 '의롭다 하신다.' 죄 사함은 하나님이 그리스도 안에서 그리고 그리스도를 통해서 **하신 일**로부터 오는 것이고, 확신은 하나님이 그리스도 안에서 그리고 그리스도를 통해서 **말씀하신**

것으로부터 온다. 그분은 자신에게 오는 자들에게 안식을 주시겠다고, 그분을 믿는 이들에게 영생을 주시겠다고 약속하셨다(예를 들어, 마 11:28; 요 6:37, 47). 우리는 그분의 약속을 믿을 수 없는가? 그분이 **하신 일**과 **말씀하신 바**뿐만 아니라, 그분이 **어떤 분이신지**를, 곧 그분은 영원하시고, 변함이 없으시며, 자신의 언약에 진실하시고, 자신의 말씀에 신실하신 분임을 기억하라. "하나님은 사람이 아니시니 거짓말을 하지 않으시고, 인생이 아니시니 후회가 없으시도다. 어찌 그 말씀하신 바를 행하지 않으시며, 하신 말씀을 실행하지 않으시랴."(민 23:19) '공동기도서'는 이런 성경적인 확신의 방법에 온전히 동의한다. 아침 기도와 저녁 기도에서 우리는 "그리스도 예수 우리 주님 안에서 인류에게 선포된 하나님의 약속에 따라" 긍휼과 회복을 위해 기도한다. 성찬례 때의 사죄 선언 시간에는 사역자가 우리에게, 하나님은 "진심어린 회개와 믿음을 갖고 그분께 돌아오는 모든 이에게 죄 사함을 약속하셨음"을 상기시키고, 바로 이어서 우리가 '위안의 말씀'이라 부르는 네 가지 위대한 복음의 약속들로 이를 공고히 한다.

하지만 하나님의 약속의 말씀만이 하나님이 우리에게 확신을 주시는 수단은 아니다. 루터의 말을 사용하자면, 하나님은 우리 믿음이 '불안정함'을 아시고 그것을 강하게 해야 함을 아신다. 혹은 비유를 바꾸어 보자면, 하나님은 우리가 '순수한'(naked) 말씀 자체를 믿기가 얼마나 어려운지를 아신다. 그래서 은혜롭게도 우리가 그것을 볼 수 있도록 복음의 두 성례전을 통해 그 말씀에 '옷을 입혀 주셨다.' 아우구스티누스는 그것들을 가시적인 말씀(*verba visibilia*)이라 불렀고, 쥬얼 주교는 "모든 성례전의 본체는 하나님의 말씀이다"라고 덧붙였다.[14] 그것들은 우리 믿음을 일깨우고 굳게 하기 위해 복음의 약속들을 극화하여 보여 준다. 단회적으로 이루어지는 세례는 단 한 번에 받는 칭의의 성례전이며, 반복해서 누리는 성찬은 우리 매일의 죄 사함의 성례전이다. 이들을 통해 우리는 청각적이고 시각적으로 우리의 용납됨과 죄 사함을 확신한다. 이를 이해한다면, 중세의 성직자들이 그들의 고해 성사를 "두 번째 세례"로 생각한 것이 얼마나 큰 실수인지를 이해할 수 있다. 또 므낫세가 "우리는 세례를 받고 우리 죄를 탕감받았지만 그 이후로도 죄를 짓는다. 그러므로 우리는 새로운 세례가 필요하다"라고 쓴 것이 얼마나 옳지 못한지,[15] 에릭 제임스가 고백은 "성례전의 형식으로 '이신칭의'를 이루어 낸다"고 말한 것이 얼마나 오도된 것인지[16] 이해할 수 있다. 우리에게는 칭의의 성례전으로서 세례가 있고, 죄 사함의 성례전으로서 성찬이 있다. 드루리 주교는 "이것들은 그 몇 가지 기능으로, 진실로 회개하는 이들에게 주어지는 사죄의 약속을 가능한 충만하게 전달한다." 이들을 보충하는 "다른 작은 성례전을 둘 자리는 없다"[17]라고 올바른 말을 했다.

그러므로 하나님이 확신을 주시는 방식은, 그분의 말씀을 통한 방식이다. 그 말씀은 성령과 성례전을 통해 우리에게 선포되고 우리는 믿음으로 그것을 이해한다. 오늘날 하나님의 교회에 가장 긴급하게 필요한 일 가운데 하나는, 그리스도인의 삶은 하나님의 말씀에 믿음으로 반응하는 삶이라는 단순한 성경의 진리를 회복하는 것이다. 믿음은 하나님의 약속을 먹으며 살고, 그것들을 통해 건강하고 강하게 자라난다. 오류가 없는 하나님의 말씀의 대체물로 혹은 그에 대한 보충물로, 오류가 있는 인간의 말이 왜 필요한가? 아무리 경험이 많고 명민하다 할지라도 사람은 우리 내면의 생각과 동기를 읽을 수 없다. 하나님만이 우리 마음을 아신다. 성 요한은 이 하나님의 전지하심을, 우리 마음이 우리를 책망할 때마다 우리 마음을 진정시키는 수단 가운데 하나로 만든다(요일 3:19-20). 어떤 사람들은 보이는 사람의 말을 믿는 것이 더 쉽다고 생각할지 모르지만, 하나님은 그런 사람들을 불러 우리에게 죄 사함의 메시지를 선포하라고 하셨다는 것(눅 24:47; 행 13:38), 그리고 그분은 은혜롭게도 성례전을 통해 우리에게 그분의 말씀을 눈에 보이게 해주셨다는 것을 잊어버렸단 말인가? 케네스 로스는 이렇게 썼다. "만약 예수님이 당신에게 '아들아, 기운을 내라. 네 죄는 사함을 받았다'라고 말씀하시는 것을 듣고 싶다면, 당신은 고백을 해야 한다.…" 그러나 그렇지 않다! 예수님은 내가 회개자로, 믿음을 가진 죄인으로서, 공적으로 선포되는 하나님의 말씀에 반응해서든, 개인적인 성경 읽기 시간에든, 주의 만찬에서든, 그분께 나아갈 때마다 내 영혼에게 이런 위로와 확신의 말씀을 하신다. 우리는 히브리서 11장에 나오는 구약의 위대한 믿음의 영웅들을 묵상해야 한다. 그들은 그들에게 하나님의 말씀이 왔을 때 그것을 품고 "약속한 그것을 또한 능히 이루실 줄을 확신"하고(롬 4:21)

그들의 전 생애를 걸었다. 우리가 "그리스도 안에서 완전한 자가" 되는 것이 하나님의 뜻이다(골 1:28). 이는 계속해서 사람에게 의지하고 사람의 말에 의존함으로써 이루어지는 것이 아니라, 성경과 성례전을 통해 하나님의 거룩한 말씀을 듣고 받아들이며, 그분의 약속을 굳게 붙잡고, 우리가 "믿음과 오래참음으로" 그 약속들을 상속받을 때까지(히 6:12) 그것들을 놓지 않으며 "믿음의 선한 싸움을 싸울 때"(딤전 6:12) 이루어진다. 이것이 성경적인 확신의 방식이다. 또한 성공회의 방식이기도 하다. 후커는 다음과 같은 말로 이에 대해 요약했다. "**우리는**(성공회) 죄로 인해 상처받은 모든 영혼이 치료 방법을 배우도록 그렇게 사람들을 가르치기 위해 노력하는 반면, **그들은**(로마 가톨릭) 정반대로 사제가 그들에게 손을 얹지 않는 한 그 모든 상처를 치료할 수 없는 듯이 만드는 것 같다."[18]

그러나 이런 말은 바로 반대 의견에 부딪칠 것이다. 그런 식으로는 평안을 찾을 수 없는 사람들이 있기 때문이다. 그들은 십자가 앞에 자기 짐을 내려놓으려 노력하지만, 어떻게 해도 내려놓을 수가 없다. 그들의 양심이 계속 그들을 찌르고, 들볶고, 괴롭힌다. 그리고 하나님의 약속을 믿음으로 그것을 진정시키려 아무리 열심히 노력해도 잘 되지 않는다. 그래서 리처드 후커는 이런 특별한 경우의 고백은, "개신교 신학자들도 거부하지 않는다"[19]라고 썼고, 또 그 목적은 "약하고, 마음이 여리고, 두려움이 많은 심령을 강하게 하기 위해서"라고 덧붙였다. 마찬가지로 리들리 역시 그것은 "약하고, 상처받고, 무지한 양심을 가르치고, 교정하고, 위로하고, 정보를 주기 위해서"라고 했다.[20] 자기 양심이 "어떤 중대한 문제로 괴로워하고 있다면"(병자 방문 예식), 혹은 틴데일의 표현대로 그 양심이 "뒤엉켜 있다면",[21] 그들은 주저하지 말고 "학식 있는 부교역자나 목회자에게 혹은 다른 경건하고 학식 있는 사람에게 가서, 양심의 괴로움과 의심을 그들에게 보여야 한다. 이는 위로를 주시는 하나님의 말씀의 연고로 치료를 받기 위해서다."[22] 바로 이것을 위해 '공동기도서'는 대비를 해 놓았다. 그리고 우리는 특별한 필요가 있을 때 그것을 이용해야 한다. 이전에는 하나님의 약속이 그 영혼에게 평안을 가져다주지 못한 이유를 칼뱅이 아주 잘 표현해 주었다. "교회 전체에 선포되는 하나님의 일반적인 약속에 대해 들었지만 여전히 어떤 걱정 가운데서 죄 사함에 대한 의심으로 마음이 불안한 경우들이 가끔 있다. 그러나 그가 그의 목회자에게 은밀하게 자신의 괴로움을 털어놓고, 목회자가 일반적인 교리를 특별히 그에게 적용하는 것을 듣는다면, 이전에 의심 가운데 있던 데서 확신을 얻게 될 것이고, 모든 두려움에서 해방될 것이며 양심의 안식을 얻을 것이다."[23]

이렇게 사역자에게 의지하는 것은 아주 합리적인 일이다. 그리고 물론 사역자는 양심이 괴로워서 그에게 오는 사람은 누구든지 공감하는 마음으로 환영해야 한다. 그리고 하나님의 일반적인 약속들을 특별하게 적용해서 그의 고통을 잠잠하게 하기 위해 노력해야 한다. 그럼에도 불구하고 이는 예외적인 것이며, 정기적인 관행으로 장려되어서는 안 된다. '공동기도서'는, 확신에 이르고 성찬을 준비하는 일반적인 "방법과 수단"은 "하나님의 명령의 규칙에 따라" 자신을 점검하고, 그 다음 죄를 고백하고 하나님의 자비의 약속들을 믿는 것이라고 아주 분명하게 말한다. "어떤 방법으로도 자신의 양심을 잠잠하게 할 수 없는 사람이 있을 때에야" 그는 "더 깊은 위로와 조언을 위해"(첫 번째 권고) 개인적으로 그의 사역자에게 가야 한다. 그렇게 사역자에게 가는 것은 예외적인 것일 뿐 아니라, 불링거가 정확하게 언급했듯이, "고백이라기보다는 상담이라는 용어를 써야 한다."[24] '고해 성사'든지 '사법적인 사죄 선언'이든지 '고해'든지 이 모든 개념은 그것에 적절하지 않다. 사역자가 상처받은 양심을 하나님의 말씀의 연고로 누그러뜨릴 때, 그는 사제의 기능을 하는 것이 아니라 목회적 기능을 행사하는 것이다. 이런 종류의 방문이 그 성격상 목회적이면서 예외적인 것으로 여겨진다면, 어떤 반대도 제기될 수 없을 것이다. 그것은 모든 사역자의 성스러운 권리 가운데 하나다. 라일 주교는 우리를 위해 다음과 같은 글로 그것을 잘 요약하였다. "사역자와 개인적으로 가끔 하는 면담은, 정기적인 죄 고백에 이은 정기적인 사죄 선언과는 전혀 다른 것이다."[25] 우리는 종교개혁자들이 이룬 네 가지 변화를 다음과 같이 요약할 수 있을 것이다. 기억나는 모든 죄를 체계적으로 열거하는 것을 포함해서 사제에게 의무적이고 정기적으로 하는 고백은, 이제 어떤 특별한 양심의 짐에 관해 사역자에게 상담을 하기 위해 그에게 자발적이고 예외적으로 의지하는 것

으로 대체되었다.[26]

성화

비밀 고해를 지지하며 제시된 세 번째 주장은, 참회자가 거룩함 가운데 자라는 것, 즉 '성화'와 관련이 있다. 이는 성공회 저자들이 많이 지지하는 것이다. "고해 성사의 중요한 목적들 중 하나는, 참회자가 시험을 견딜 은혜를 얻도록 해줌으로써 그의 성품을 세워 주는 것이다.…성사는 이런 과업을 이루며 참회자를 도울 때 일반적으로 가장 가치가 있다"[27]라고 윌프레드 녹스는 썼다. 바로 이런 이유로, 에릭 제임스는 자신의 작은 책에 「이중적인 치유」(*The Double Cure*)라는 제목을 붙였다. 이는 토플레디의 위대한 찬송 "만세 반석"에서 따온 표현이다.

> 그 죄에 대해 이중적인 치유를 해주셔서
> 죄책과 죄의 권력에서 나를 깨끗하게 하소서.
> (내게 효험 되어서
> 정결하게 하소서)

그는 탕자의 비유를 다시 언급하면서 "그 치유가 이중적이지 않다면, 탕자는 그저 '집에 잠시 들러서' 죄를 고백하고 곧바로 먼 나라를 향해 다시 돌아갔을 것이다"라고 말한다.[28] 비밀 고해의 이런 측면이 이토록 중요하게 여겨지기 때문에 고백을 받게 되는 사람은 일반적으로 '고해 사제'가 아니라 '영적 지도자'라고 불린다. 성화를 위해 주어지며 요청되는 두 가지 수단은 '고해'와 '조언'이다. 고해(penance)라는 개념은, 혼란스럽고 비성경적이다. 이는 제롬이 구성한 불가타 성경을 따른 고대 라틴어 성경에서 시작된 듯하다. 이 성경들에서는 '회개'에 해당하는 헬라어(*metanoia*)가 '포에니텐티아'(*poenitentia*)로 번역되었고, 동사 '메타노에인'(*metanoein*)은 '포에니테레'(*poenitere*) 혹은 '아제레 포에니텐티암'(*agere poenitentiam*)으로 번역되었다. 그 후 이런 부정확한 번역들이 위클리프 성경 같은 초기 영어 성경에 흘러들어 '회개하다' 대신에 '고해하다'라는 오해의 소지가 있는 표현을 사용하게 되었다. 우리는 앞에서 중세에는 고해가 죄에 대한 보상을 하기 위한 고통스런 징계 혹은 형벌로 여겨졌음을 살펴보았다. 더욱이 오늘날 로마 가톨릭 교회에서는 "고해라는 미덕"은 참회(penitence)를 의미함에도 불구하고, "죄책과 그 죄의 영원한 형벌에서 사함을 받은 이후에도 남아 있는 죄들에 대한 일시적인 형벌로 보속을 행하게 했다."[29] 그것들은 죄에 대한 "보상의 성사"로 여겨진다. 종교개혁자들은 이러한 개념을 거부했다. 이는 그리스도께서 십자가에서 이루신 죄에 대한 완벽한 보상을 모욕하는 것이었기 때문이다. 그래서 '고해'와 '고해를 행하다'라는 단어를 '회개'와 '회개하다'로 대체했다. 개인적인 '고해'라는 어떤 개념이 성공회에서 다시 살아나고 있다는 것은 슬픈 일이다. 이 용어를 사용하는 성공회 저자들은 고해가 죄에 대한 보상이라는 주장을 조심스럽게 거부하지만, 그 단어가 어떤 의미인지에 대해서는 통일된 목소리를 내지 않는다. 므낫세가 보기에 그것은 "하나님께 드리는 감사의 헌물로 행하는 작은 일" 혹은 "하나님의 자비로운 죄 사함에 대한 감사의 표시"였다.[30] 윌프레드 녹스가 보기에 그것은 "참회자 자신이 고백한 죄들은 그가 도덕적으로 책임을 져야 하는 것이며, 단순히 자신이 통제할 수 없는 일시적인 연약함의 결과가 아니라는 사실을 인식"했음을 표현하는 것이다. 따라서 그것은 "자신의 죄"를 인정하는 것이다.[31] 케네스 로스에게 그것은 "당신이 새 사람이 되려 한다는 사실의 표지"다. 남은 문제는, '고해'가 죄에 대한 책임, 감사, 혹은 결단의 표지로 의도되었는가 아닌가 하는 것이다. 오늘날의 저자들이 반신반의하며 그 이야기를 꺼낸 것이나 부과된 '고해 행위'가 사소한 것이라는 사실은 결국 그것을 버려할 좋은 이유가 될 것이다. 어쨌든 회개했다는 증거를 제시하는 성경적인 방식은 사랑에서 나온 선한 행실과 거룩함이다(마 3:8, 10).

참회자의 성화를 증진시키는 두 번째 수단은 조언이다. 이는 성찬례의 첫 번째 권고에 언급된 "영적인 충고와 조언"이다. 여기에 해로운 것은 없다. 이는 엄격히 말해서 '고해 성사'의 일부가 아니라고 말해야겠다. 영적 조언은 모든 사역자들이 고해 성사실과는 전혀 상관없이 자신들의 회중에게 주는 것이기 때문이다. 그러므로 이는 정기적인 고백의 관행이 필요하다는 의견의 논거로 제기될 수가 없다. 오히려 이는 심방을 할 때나 비공식적으로 소그룹과 만날 때, 혹은 직무실이나 연구실에서 이루어지는 신실한 목회 사역에 대한 논거라 할 수 있다.

목회 상담은 언제나 유익하며 위험하지 않다 하더라도, 주된 위험 요소는 비밀 고해로 예상할 수 있는 상황, 다시 말해 참회자가 사역자와 정기적인 면담을 하는 경우 같은 상황에 도사리고 있는 듯하다. 그것이 교회에서 '고백'을 하는 중에 일어나든, 연구실에서 상담을 하는 중에 일어나든 간에, 나는 매주 혹은 매월 목회자를 찾아가는 것이 그 사람의 영적 건강에 좋다고 생각하지는 않는다. 우리는 우리의 주제로 다시 돌아가, 하나님이 자기 백성을 키워 가시는 정상적인 수단은 그분의 말씀이라고 주장한다. "그 은혜의 말씀…여러분을 능히 든든히 세우사 거룩하게 하심을 입은 모든 자 가운데 기업이 있게" 하는 그 말씀 말이다(행 20:32). 성직자들에게는, 회중들이 하나님 그분께만 점점 더 의지하도록 견고하고 건강하게 독립하도록 그들을 격려하는 대신, 자기 치마폭에서만 있도록 할 위험이 항상 있다. 예수님이 땅에 있는 자를 우리의 '아버지' '선생' '지도자'로 부르지 말라고 경고하실 때 예수님은 분명 이에 대해 말씀하신 것이다(마 23:8-12). 우리는 교회에 있는 누구를 향해서도 아이-부모, 학생-선생, 종-주인 관계에 함축된 의존적인 태도를 취해서는 안 되며, 우리를 향해 그런 태도를 취하는 누군가도 필요하지 않다. 우리는 모두 형제다. 우리는 우리의 아버지이신 하나님께, 우리의 주님이신 그리스도께, 우리의 선생이신 성령께 의지해야 한다. 자신의 회중을 향한 모든 목회자의 바람은, 모든 지혜로 각 사람을 권하고 가르쳐서 그의 목회자에게 의지하는 것이 아니라, "그리스도 안에서 완전한 자로" "각 사람을…세우는" 것이어야 한다(골 1:28). 사실 가끔씩 이루어지는 상담들이 좋을 수 있지만, '고백'을 위해서건 '면담'을 위해서건 사역자를 자주 찾아가는 것은 진정한 영적 성숙에 유익하다고 볼 수 없다.

영적으로 성장하는 최고의 비결이자 단 하나의 비결은 하나님의 말씀에 인격적으로, 겸손하게, 믿는 마음으로, 순종하며 반응하는 것이다. 하나님이 그분의 말씀으로 우리에게 말씀하실 때에야, 그분의 경고는 우리에게 죄에 대한 깨달음, 죄 사함의 확신에 대한 그분의 약속, 삶을 개선하라는 그분의 명령을 가져다줄 수 있다. 우리는 그분의 말씀으로 살며 성장한다.

우리는 이번 장에서 참회자의 필요라는 시각에서 비밀 고해 관행에 대해 제기된 주장들을 편견없이 살펴보고자 했다. 우리는 더 깊은 회개, 확신, 성화가 필요하다는 데 동의했다. 그러나 성경에 의하면, 제기된 치료책은 틀린 것이라고 주장하는 것이 옳다고 생각한다. 정상적이고 자연스러운 하나님의 방법은 우리를 고해 성사실로 보내는 것이 아니라 우리로 그분의 말씀을 통해 그분 자신과 대면하게 하는 것이다. 보통 성공회에서는 비밀 고해와 관련하여, "모든 사람이 가능하지만(All may), 누구에게도 강제적인 것은 아니며(none must), 어떤 사람은 해야 할 것이다(some should)"라고 말한다. 나는 이 세 가지 주장 중에서 첫 번째, 예외적인 상황에서 "모든 사람이 가능하다"라는 데만 동의할 수 있다. 그리고 다른 두 주장에 대해서는, 비록 "어떤 사람에게는 필요하지만"(some need) 그것이 하나님이 정하신 이상적인 방법이 아니므로 "어느 누구도 꼭 해야 하는 것은 아니다"(none should)라고 대체하고 싶다. 고울번 주임 사제의 '첫 번째 권고' 내용에 대한 올바른 설명처럼, 그것은 "행해야 할 최선의 것은 아니지만 차선"이다. 그리고 이 차선이란, "목발로 걷는 것"과 같다.[32] 나는 조지 맥클로이드의 작은 책을 읽다가 그도 같은 은유를 사용하고 있다는 사실을 발견하고 감명을 받지 않을 수 없었다. 그는 "고백과 사죄 선언이라는 장치는 다리를 저는 이에게 필요한 목발 이상이 아니며, 그 이상이었던 적이 결코 없다"라고 아주 솔직하게 인정한다. 그는 계속해서 자기 독자가 "영적인 것에 운동 선수"와 같은 수준일 것이라 암시하지만, 이렇게 끝을 맺는다. "나에 관해서 말하자면, 나는 다리를 저는 사람이다."[33]

우리 가운데 누구도 완벽하게 똑바로 걷지는 못한다. 다양한 수준의 영적 마비가 우리를 장애인으로 만든다. 그러나 우리의 절름발이 상태를 묵인하지는 말자! 때때로 우리는 목발이 필요함을 느낀다. 그러나 그 목발들을 치워 버릴 그 날을 고대하자. 성전 미문에 앉아 있던 그 장애인처럼, 예수 그리스도의 강력한 이름을 믿음으로 우리 발과 발목이 힘을 얻고 서서 걸으며 성전으로 들어가면서 걷기도 하고 뛰기도 하며 하나님을 찬송할 그때를 고대하자![34]

그룹 토론 문제

1. 오늘날은 성경이 우리에게 기대하는 '경건한 슬픔'을 찾아보기 힘들다. 이러한 것이 더 많아지기를 원한다면 고해 관행을 대체할 어떤 실제적인 대안들이 있겠는가?
2. 참회하는 신자들이 죄책감에서 구원받고 죄 사함에 대한 확신을 얻도록 하나님이 의도하신 방법들을 열거해 보라.
3. 당신은 당신이 거룩함 가운데서 자라도록 하기 위해 당신의 사역자가 어떤 단계를 취했으면 좋겠는가?

결론

우리 이 책에서 규명하고 보여 주고자 했던 원리는, 죄 고백은 우리가 죄를 범한 사람에게, 따라서 우리가 용서를 받고 싶은 사람이나 사람들에게만 해야 한다는 것이다. 고백을 결코 제3자에게 해서는 안 되는 이유는, 우리가 그에게 죄를 범하지 않았기 때문이고, 또 그는 그 죄를 용서할 입장에 있지 않기 때문이다. 이것이 비밀 고해가 규탄을 받아야 할 단순한 이유다. 비밀 고해는 '사제에게' 하는 것이 아니라, 사제를 통해서 혹은 사제가 배석한 상태에서 하나님께 하는 것이라거나 사제로 대표되는 교회에게 하는 것이라고 말하는 것은 대답이 되지 못한다. 그러한 대리 고백은 성경이 인정하지도 않고 추천하지도 않는다. 그 죄가 하나님께 범한 것이라면 하나님께만 은밀하게 고백해야 한다. 그리고 만약 교회에 범한 것이라면 공개적으로 교회에 고백해야 한다. 그러한 죄를 사제에게 고백하는 것은 올바르지 않다. 그것은 은밀한 고백에 다른 사람을 포함시킴으로써 은밀하지 않게 만들고, 공적인 고백에 교회를 배제시킴으로서 공적이지 않도록 만들기 때문이다.

정기적인 비밀 고해 관행에 대한 이러한 중요한 비판을 두고, 죄를 가볍게 보기 때문이라고 해석하거나, 혹은 죄인들의 고백을 더 쉽게 만들려는 바람이라고 해석해서는 안 된다. 반대로 우리는 죄에 대해 가능한 가장 심각한 견해를 가져야 한다고 나는 믿는다. 성경은 죄를 하나님이 미워하시는 "가증한 일"(렘 44:4)로 본다. 또 그것 때문에 세상의 구세주가 죄를 지고 죽임을 당하셨으며, 이생에서 많은 이들이 슬퍼하고 고통을 당하는 것이며, 다음 세대에 다른 이들이 회복할 수 없는 파멸을 당한다. 고해 성사에 대한 우리의 반대는 죄에 대한 낮은 견해 때문이 아니라 그리스도에 대한 높은 견해 그리고 죄인들의 죄를 사하시기 위해 그분이 완벽한 준비를 해 놓으신 사실에 기인한다. 그러므로 결론적으로 나는 두 가지 실제적인 호소를 하고자 한다.

첫 번째로, 우리는 **죄 고백을 좀더 진지하게 생각해야 한다**. 에릭 제임스는 "교회에서 함께 드리는 고백은 죄를 진지하게 다루려 하지 않는 모습을 숨길 수 있다"[1]라고 썼다. 그렇다. 그럴 수도 있다. 그러나 그것이 은밀한 가운데 하나님께 드리는 양심적인 죄 고백을 대체하는 것이 아니라면, 그렇지 않다.

모든 성경적인 그리스도인은 현대 교회의 질병의 가장 두드러진 증상들 중 하나가 죄의 사실 혹은 죄의 무게에 대한 적절한 의식이 부족한 것이라는 데 동의해야 한다. 그것은 죄를 깨닫게 하는 것이 고유의 사역인 성령님이 억제당하고, 근심하시고, 소멸되고 있다는 표시다. 성경에서 죄를 깨닫는 모습에 대한 생생한 그림 두 가지는 '우는 것'과 '부끄러워하는 것'이다. 수많은 하나님의 사람들이 죄로 인해 운다. 자신들의 죄 때문만이 아니라 교회와 나라와 세상의 죄들을 위해서도 운다. 에스라는 예루살렘의 불순종 때문에 울었고(스 10:1), 예레미야는 그들의 교만 때문에 울었고(렘 13:17), 예수님은 그들이 고의적으로 모른 체 하는 것으로 인해 우셨다(눅 19:41 이하). 시편 기자는 이렇게 썼다. "그들이 주의 법을 지키지 아니하므로 내 눈물이 시냇물같이 흐르나이다"(시 119:136). 이렇게 우리가 다른 사람들의 죄에 대해 울어야 한다면, 우리 자신의 죄에 대해서는 "금식하고 울며 애통하고"(욜 2:12 이하; 참고. 마 5:4; 고전 5:2; 고후 7:2) 마음을 다해 주님께로 돌아가 얼마나 더 울어야 하겠는가? 또 우리가 후회하기 때문에 우리 죄에 대해 울어야 한다면, 우리는 또한 부끄럽기 때문에 그것들에 대해 얼굴을 붉혀야 한다(렘 6:15; 8:12; 스 9:6).

이 책은 고백을 덜 하자는 것이 아니라 더 하자는 것이지만, 더 나은 고백과 올바른 고백을 하자는 것이다. 우리는 은밀하게 자신을 살피고 하나님께 세세하게 고백하는 훈련을 더 해야 한다. 이는 "습관적이고, 철저하고, 의무적이어야" 한다.[2] 우리는 우리가 죄를 범한 이들에게 사과를 하는 면에서 또 우리에게 죄를 범한 이들을 꾸짖는 면에서 더 신실하고 용기 있어야 한다. 또 공적 스캔들이 생겼을 때 지역 회중 사이에서 적절하고도 성경적인, 죄 고백에 대한 훈련이 회복되도록 계속 요구해야 한다.

두 번째로 내가 호소하는 바는, 우리는 **죄 사함에 대해서도 좀더 진지하게 생각해야 한다**는 것이다. 기독교는 죄 사함의 종교다. 하나님은 그리스도를 통해 죄인들을 용서하고자 하신다. 또 우리는 서로서로 용서해야 한다. 교회는 교회에 대해 죄를 범해 공동체에 속하지 못하게 되었지만 이후에 회개하고 자신의 죄를 고백한 이들의 죄를 사하고 그들을 그 공동체로 회복시킬 권세를 갖고 있다. 우리는 죄책감의 짐을 진 세상을 향해, 예수님의 제자들이 서로를 용서하는 방식을 혐오하며 찢어진 세상을 향해, 하나님의 용서를 보여 주어야 한다. 우리는 하나님의 용서를 기뻐하기 위해 하나님의 약속에 대한 더 깊은 믿음이 필요하다. 또 인간의 용서를 기뻐하기 위해 서로에 대한 더 깊은 사랑이 필요하다. 우리는 세상 사람들 앞에 우리 그리스도인의 자유, 즉 죄책으로부터의 자유와 악의로부터의 자유를 드러내 보여야 한다. 우리는 용서 너머로 나아가, 용서를 가능하게 해준 특권들을 이용해야 한다. 그것은 위대한 '파레시아'(parrhesia), 즉 은혜의 보좌에 가까이 나아갈 때나 서로와 사귐을 가질 때 우리에게 주어진 담대함, 혹은 거리낌 없음이다.

하나님은, 종교개혁에서 올바르게 버린 비밀 고해를 회복함으로써가 아니라, 그분의 말씀에 겸손하게 순종함으로써 이 일을 이루도록 의도하셨다. 그래서 우리는 우리 죄를 고백하고 그분의 죄 사함을 받아들임으로써 그리스도께서 우리를 자유롭게 하신 그

해방 가운데서 기뻐할 수 있다.

    이 결론은 웨이스 주임 사제가 풀럼 회의에서 요약한 말로 끝맺는 것이 가장 나을 것 같다. "값없이 주시는 죄 사함의 복음을 담대하게 선포하자. 사람들이 그 복음에 의지하여 하나님께 직접 죄를 고백하고, 그리스도의 사죄 선언에 직접 의지하고, 성령과 직접 교통하는 삶을 살도록 설득하자. 그렇게 우리는 강하고, 솔직하고, 용기 있고, 하나님을 두려워하고, 하나님을 신뢰하는 성품을 유지하며 계발하기를 소망할 수 있다. 이것이 영국 교회의 이상이며, 영국 교인 됨의 영광이다."[3]

    "오, 주님, 당신께 간구합니다. 당신의 자비하심으로 우리의 기도를 들으시고, 당신에게 죄를 고백하는 이들 모두를 구해 주소서. 죄로 인해 양심의 가책을 받고 있는 그들이 예수 그리스도 우리 주님을 통하여 주시는 당신의 자비로운 용서로 죄 사함을 받을 수 있도록 해주소서."(대참회 예배)

부록

일부 공식적인 성공회의 선언문들

1. 1873년과 1877년 캔터베리 대교구의회

1873년 5월 9일 금요일, 캔터베리 대교구의회의 상원 의회는, 483명의 사제가 서명해서 그들에게 보낸 탄원서를 검토했다. 이 긴 서류 중 끝에서 두 번째 요청 사항은 "성사적 고백이 널리 퍼져 있고 점점 더 많이 사용되고 있는 상황을 보건대, 존경하는 상원 회의가 교회 법의 조항에 따라, 적절한 자격을 갖춘 고해 사제들의 교육, 선발, 적절한 절차에 따른 자격 취득의 타당성을 검토해 주시기를 바랍니다"였다.

충분한 논의가 전개되었고, 몇몇 주교는 강하게 주장하기를, 정기적인 고백 관행은 "우리의 '공동기도서'의 정신에 전적으로 반하는 것이며" 사실 "성공회의 전체 정신에도 전혀 낯선 것"이라고 했다. 의장이었던 A. C. 테이트(Tait) 대주교는 기뻐하며 다음과 같이 표명하였다. 모든 주교와 참석자들은 "모두 함께 정기적인 고백의 관행을 거부한다. 그리고 고백을 성사적으로 보는 것은 가장 심각한 오류라 생각한다는 것을 분명하게 말한다." 그러고 나서 한 위원회가 그 문제를 검토하도록 지명되었다. 같은 해 7월 23일, 그 위원회는 "고백이라는 주제에 대한 성공회의 가르침에 대한 보고서"를 발표하였다. 이 내용이 아래 나와 있다. 이것은 1877년 7월 3일에 하원 의회에 보내졌고, 그 다음날 찬성 62표, 반대 6표로 가결되어 "이 의회는 상원 의회로부터 검토를 위해 전해 받은 '고백에 대한 선언문'에 동의한다"라고 밝혔다. 본문은 다음과 같다.

"고백의 문제에 대해 성공회는 성경에서 시작되어, 초대교회가 천명하고, 영국의 종교개혁 때 재천명된 다음의 원리들을 굳게 지킨다. 성공회는 제25항에서 고해 성사는 복음의 성사에 포함되지 않는다고 단언한다. 그리고 의식서들로 판단할 수 있듯이, '고해 성사'라는 표현은 없음을 알고 있다. 성경에 기초한 성공회의 교리에 근거해서, 성공회는 자신의 죄성에 대해 통회하며 삶을 온전히 고치려는 마음으로 전능하신 하나님께 죄를 자백하고 그분에 대한 진실한 믿음으로 돌아서는 자들에게, 예수 그리스도의 피로 말미암는 온전한 죄 사함을 분명하게 선언한다. 이런 방식과 수단으로 성공회의 모든 성도가 평안을 얻게 되는 것이 성공회의 소망이다. 이런 정신에서 고백과 사죄 선언의 형식은 공예배에서 시작된다. 그러나 고통

당하고 있는 양심의 괴로움을 덜어 주기 위해 성공회는 두 가지 예외적인 경우에 특별한 대비책을 마련했다.

(1) 성찬례에 참여하기 전에 자기 양심을 잠잠하게 할 수 없어 위로나 상담이 필요한 경우, 사역자는 이렇게 말해야 한다. "그를 내게 혹은 다른 하나님의 말씀을 맡은 신중하고 학식 있는 사역자에게 가게 해서 자기 슬픔을 털어놓게 하십시오. 그가 하나님의 거룩한 말씀의 사역에 의해 성령의 위로와 조언과 함께 사죄 선언의 유익을 얻을 수 있도록 말입니다." 그럼에도 불구하고 그런 경우를 위한 사죄 선언의 형식은 '공동기도서'에 기술되어 있지 않음을 주목해야 한다. 더욱이, 특별한 사죄 선언의 형식을 허용한 1549년의 첫 '공동기도서'의 그 지침은 그 책의 후속 판 모두에 빠져 있다.

(2) '병자 방문 예식'의 한 지시 사항에서, 환자는 어떤 중요한 문제로 양심이 괴로움을 느낀다면 특별한 죄 고백을 할 수 있지만, 그런 경우 사죄 선언은 그 환자가 겸손하게 진심으로 바랄 때에만 주어질 수 있다. 그러나 이 특별한 조항은 교회의 사역자들에게, 그들에게 오는 사람들로부터 무엇을 요구할, 그들의 모든 죄를 특별히 혹은 세세하게 점검하며 그들의 슬픔을 쏟아내도록 할, 혹은 성찬례에 참여하기 전 갖추어야 할 조건으로 사적인 고백을 요구할, 혹은 사제에게 정기적인 고백을 하도록 명하거나 격려하기까지 하는, 그러한 정기적인 고백 관행이나, 사제의 지시 사항이라 불리는 것에 복종하는 것이 최고의 영적 삶에 이르는 조건이라 가르칠 권한을 주지 않는다."[1)]

2. 1878년 램버스 회의

1878년 테이트 대주교가 의장직을 맡은 두 번째 램버스 회의에서, 주교들은 그들에게 제출된 수많은 질문들을 검토한 다음, 그들의 결론을 요약한 "회람서"(Encyclical Letter)를 반포하였다. 그 회람서는 다섯 개의 위원회 보고서 형태로 되어 있었는데, 다섯 번째 보고서는 다음의 E 항목을 포함하고 있다.

"성공회의 회중을 갈라놓고 다른 곳에서는 심각한 동요를 일으킨 한 의식에 대한 불편한 논쟁을 검토하면서, 여러분의 위원회는 오랫동안 익숙해진 의식을 바꾸는 일이 교구 주교의 권고에 반하는 것이 되어서는 안 된다는 원리를 단언하고자 합니다.

뿐만 아니라, 고백이라는 주제에 대해 어떤 새로운 관행과 가르침을 염두에 두고 있는 여러분의 위원회는, 고백의 문제에 대해 성공회 연합의 교회들은, 성경에서 시작되어, 초대교회가 천명하고, 영국 종교개혁 때 재천명된 그 원리들을 굳게 붙잡고 있음을 단언합니다. 그리고 교회의 사역자에게는 자신의 슬픔을 털어놓기 위해 그에게 의지하는 사람에게 그들의 모든 죄를 특별히 혹은 세세하게 열거하도록 요구할 권위가 없다는 것이, 성찬례에 참여하기 전 사적인 고백을 요구할 권위가 없다는 것이, 사제에게 정기적인 고백을 하도록 명하거나 격려하기까지 하는, 혹은 그러한 정기적인 고백 관행이나 사제의 지시 사항이라 불리는 것에 복종하는 것이 최고의 영적 삶에 이르는 조건이라 가르칠 권한이 없다는 것이 성공회의 의견입니다. 동시에 여러분의 위원회가, 괴로워하는 양심의 안정을 위해 '공동기도서'가 만들어 놓은 대비책을 어떤 식으로든 제한하려는 것으로 이해하지 않기를 바랍니다."[2]

3. 1906년 교회의 징계에 관한 왕립 위원회

교회의 징계에 관한 왕립 위원회는 "성공회의 예전(禮典) 행위 그리고 교회의 장식품과 기구들에 관련된 법을 위반하거나 무시하는 행위가 널리 퍼져 있다는 주장에 대해 조사하기 위해" 1904년 4월 23일 에드워드 7세에 의해 시작되었다. 위원회는 118일의 회기로 열렸으며, 164명의 입회인이 안건에 대한 조사를 해서, 1906년 6월 21일에 그 결과를 보고하였다. 그 보고서의 5장은 "고백"이라는 제목으로 되어 있다. 위원들은 그 주제가 "예전 행위 그리고 교회의 장식품과 기구들에 관련된 법의 범위 안에" 있는 것 같지 않다고 언급한 다음, 그럼에도 불구하고 "정기적인 고백의 관행이 증가하고 있다고" 하는, 또한 "일부 성직자들은 그들의 회중에게 이를 특별히 견진 성사를 받기 전, 혹은 어떤 경우는 성찬례에 참여하기 전의 의무로 천명하고 있다고 하는" 그들이 받은 증거를 모른 체하고 지나갈 수 없다고 덧붙였다. 그 보고서는 다음과 같이 계속된다. "앞에서 언급한 대로 그러한 고백 방식은, 1878년 램버스 회의에서 발표한 회칙에서 100명의 주교가 거의 만장일치로 선언한 내용과 조화를 이루기가 불가능할 것 같다. 그 내용은 다음과 같다. '교회의 사역자에게는 자신의 슬픔을 털어놓기 위해 그에게 의지하는 사람에게 그들의 모든 죄를 특별히 혹은 세세하게 열거하도록 요구할, 성찬례에 참여하기 전 사적인 고백을 요구할, 사제에게 정기적인 고백을 하도록 명하거나 독려하기까지 하는, 혹은 그러한 정기적인 고백 관행이나 사제의 지시 사항이라 불리는 것에 복종하는 것이 최고의 영적 삶에 이르는 조건이라고 가르칠 권한이 없다.' 그 이후 램버스 회의들(1888년과 1897년)에서는 이 주제를 다루지 않았지만, 사실상 오늘날 주교단이 그 선언을 승인하리라는 것을 의심할 이유는 없다. 비록 일부 사람들은 1878년과 그 이후에 제안된 대로 개인적인 경우들을 위해 '격려하기까지 하는'이라는 표현은 수정이 필요하다 생각하기는 했지만 말이다."

1878년 램버스 회의에 참석한 100명의 주교 중 두 명만이 고백에 대한 선언에 반대했다. 뿐만 아니라 그들은 '격려하기까지 하는'이라는 말에만 이의를 제기했을 뿐 다른 것에는 이의를 제기하지 않았다. 왕립위원회 이전에 취한 증거, 기록 번호 13270번을 보라.

주

1장 하나님께 하는 은밀한 고백

1) 죄를 숨기기 위해 '가리는' 경우의 예로는 욥 31:33; 시 32:5; 잠 28:13이 있고, 하나님이 용서하심으로 죄를 '가리는' 경우의 예로는 느 4:5; 시 32:1; 85:2이 있다.
2) 사 44:22; 시 103:2; 사 38:17; 미 7:19; 렘 31:34; 히 8:12.
3) p. 71.
4) 예를 들어, 막 1:15; 행 2:38, 44; 20:21; 히 6:1.
5) 죄 고백에 대해서는 레 5:5; 16:21, 26, 40; 민 5:7; 수 7:19; 스 10:1; 느 1:6; 시 32:5; 잠 28:13; 단 9:4, 20; 마 3:6=막 1:5; 행 19:18; 약 5:16; 요일 1:9을 보라.
　　믿음의 고백에 대해서는 마 10:32-22=눅 12:8-9; 요 1:20; 9:22; 12:42; 롬 10:9; 고후 9:13; 빌 2:11; 딤전 6:12-13; 요일 2:23; 4:2; 요이 1:7을 보라.

6) 예를 들어, 느 9장; 시 32, 40, 51편; 요일 1:5-2:2.
7) Ch. Biber, *Confess* (*Vocabulary of the Bible* by J.-J. von Allmen).
8) Thomas Becon, *The Potation for Lent* (*Early works of Thomas Becon*, Parker Society, 1843), p. 100.

2장 피해 당사자에게 하는 사적인 고백

1) p. 266.
2) 참고. 사 59:1이하; 호 6:6; 암 5:21-24; 미 6:6-8 등.
3) J. C. Pollock, *Moody without Sankey* (London, 1963), pp. 234-235.
4) 같은 책, p. 189.
5) 참고. *Of Repentance*, the Second Book of Homilies(1562), p. 575.
6) IV, p. 85.
7) Book VI, iv, 2.
8) Book Vi, iv, 3.
9) *Sermons of Hugh Latimer* (Parker Society, 1844), Vol. I, i, 426.
10) 이 구절은 제31조(*Of the One Oblation of Christ finished upon the Cross*)에서 인용한 것으로, 1552년에 출판된 42개 조항에 이미 나왔던 것이다.
11) Vol. III, p. 352.
12) Tyndale, p. 267.
13) 눅 19:1-10.
14) *Of Repentance*, the Second Book of Homilies(1562), p. 580.
15) 눅 3:19.
16) 딤전 5:20; 딤후 4:2; 딛 1:13; 2:15.
17) 엡 5:11.

3장 교회에서 하는 공적인 고백

1) Vol. III, p. 351.
2) 참고. 스 10:1; 느 1:4이하; 단 9:3이하.
3) *Bantu Prophets in South Africa* (London, 1948) by M. A. C. Warren, *Revival-An Enquiry*, p. 69에서 인용.
4) *Of Repentance*, the Second Book of Homilies(1562), p. 575.
5) *A Plain Account of the People called Methodists, Works of John Wesley*, Vol. VIII(3rd edition, London), p. 258.
6) 앞의 글, p. 259.
7) pp. 67-74, 118-121.
8) Article *Confess* by Ch. Biber in J.-J. von Allmen's *Vocabulary of the Bible*.
9) Grimm-Thayer Lexicon에서 *homologeō*에 대한 정의.
10) p. 357.
11) pp. 354-355. 참고. pp. 361-362.
12) 같은 책, p. 362.
13) 살후 3:14에서도 같은 헬라어 동사 *sunanamignusthai*가 사용되었지만, 거론되는 그 사람이 여전히 형제로 권고를 받는 것으로 보아(15절) 아직 파문되지는 않은 듯 보인다.
14) Drury, p. 151에 인용됨.
15) pp. 494-495.
16) 캐나다 '공동기도서'(1959)의 성찬례를 위한 지침서에 한 반가운 새로운 내용이 나와 있다. 그 지침서에 따르면 사역자에게는, "심각한 죄 가운데서 산다는 것을 알고 있는데" 회개하지 않는 이들과, "악의와 미움 가운데 있다는 것을 알고 있는데" 완고하게 화해를 거부하는

이들에게 "성찬 집행을 거부할" 권한이 있다. 또 그 지침서는 "주의 만찬에 참여하지 못하도록 하기 전에…사역자는 주교나 부주교와 의논해야 한다"라고 덧붙인다. 그리고 "누구든 그렇게 참여하지 못하게 한 후에는 14일 이내에 주교에게 상황 보고서를 제출해야 한다"라고 덧붙인다.

17) p. 356.

4장 사제에게 하는 비밀 고해1: 사역자의 권한

1) p. 353.
2) Book VI, iv, 3, 6, 13.
3) *Homilies and Canons*, p. 577.
4) pp. 22-23. 일부는 Hooker의 *Ecclesiastica, Polity*, Book VI, iv, 16에 인용되어 있다.
5) "기도 가운데 하나님께 드리는 사적인 고백"과 "사제 앞에서 하나님께 드리는 고백"은 똑같이 타당한 방식이라는 언급 그리고 한쪽을 행한다고 해서 다른 쪽을 행하는 사람이 불쾌하게 여겨서는 안 된다는 언급은, '남아프리카 공동기도서'(1954)에도, 「고백과 사죄 선언의 형식」(*Form of Confession and Absolution*)를 위한 세 번째 지침에도, 인도와 파키스탄과 미얀마와 실론의 교회의 새로운 '공동기도서'의 같은 형식을 위한 두 번째 지침에도(1960) 다시 등장한다.
6) p. 577.
7) p. 271.
8) Hooker, Book VI, vi, 2에서 인용함.
9) pp. 416-420.
10) p. 28.

11) p. 70.

12) pp. 84, 82, 86.

13) pp. 79, 80.

14) *The Works of Dr. Barnes*(1573), p. 258.

15) p. 566.

16) p. 269.

17) p. 60.

18) p. 363.

19) 풀럼 회의에서 H. B. Swete 교수가 한 말을 보라. *Confession and Absolution*, p. 15를 보라.

20) 솔즈베리 교구의 성직자에게 보낸 편지, 1898, Drury 주교가 인용.

21) Book VI, vi, 8.

22) 'The Christian Ministry'에 대한 J. B. Llightfoot의 논문을 보라. 이는 그의 *Commentary on the Epistle to the Philippians*(1868)에 첨부되어 있다. Eighth Edition, London, 1885 특히 pp. 248-269.

23) Wm. Tyndale, *Expositions and Notes*(Parker Society, 1848), p. 160.

24) Preface, p. 560.

25) p. 365.

26) Drury, p. 248.

27) pp. 248-249.

28) 1662년에 열린 회의는, 1549년 기도서처럼 '사역자'라는 단어를 '사제'로 대체하자는 제안을 거부했다.

29) p. 50.

30) 1928년 '공동기도서'에서는 고백의 형식이 추가되어 있고, 그 지침은 고백은 "이 형식 혹은 다른 비슷한 형식으로" 해야 한다고 지시한다.

31) 미국 '공동기도서'가 사죄 선언의 형식을 생략하고, 대신 "그의 회개의 증거에 기초해서 사역자는 그에게 하나님의 자비와 죄 사함을 확인해 주어야 한다"라는 지침을 덧붙였다는 것은 의미심장하다.
32) *Sermons of Hugh Latimer*(Parker Society, 1844), Vol. I, I, pp. 423-424.
33) p. 179.
34) p. 258.

5장 사제에게 하는 비밀 고해2: 참회자의 필요
1) Drury, p. 137.
2) p. 8.
3) p. 93.
4) p. 9.
5) p. 54.
6) pp. 18, 19, 39.
7) pp. 28, 29.
8) p. 22.
9) pp. 3, 4, 5.
10) pp. 3, 7, 8.
11) pp. 45, 46, 78, 79.
12) pp. 50, 57.
13) p. viii.
14) p. 353.
15) p. 108.
16) p. 10.

17) pp. 81, 82.

18) Book VI, vi, 2.

19) Book VI, iv, 154.

20) Nicholas Ridley, *Letters of Bishop Ridley*, *Works*(Parker Society, 1843), p. 338.

21) p. 266.

22) *Of Repentance*, the Second Book of Homilies(1562), p. 577.

23) Calvin : *Institutes*, III, iv, 14.

24) p. 75.

25) p. 257.

26) 인도, 파키스탄, 미얀마, 실론 섬의 교회는 1960년의 '공동기도서'에서 이 문제와 관련하여 후퇴의 걸음을 내디뎠다. 그 기도서의 제3부는 "화해의 사역"이라는 제목으로 되어 있었는데, 이는 설명적인 서언 다음에, 공적으로 사용되는 두 형식(참회 예식과 세례 서약의 갱신)과 사적으로 사용되는 형식, 즉 홀로 사용하는 고백의 형식과 "사제 앞에서 하는 고백과 사죄 선언의 형식"에 대한 내용으로 이어졌다.

서언은 회개와 하나님께 하는 고백과 이웃들과의 화해의 필요성을 강조하며 시작된다. 그 서언은 교회에서 하는 일반적인 고백과 은밀한 개인적인 고백을 언급한 다음, "화해의 사역"에 대한 묘사로 나아간다. 이 어구는, 공예배 시에 이루어지는 사죄 선언을 통해서건, 혹은 "참회자 개인에게 주어지는 사적인 사죄 선언을 통해서건" 죄 사함의 확신을 얻는 것을 가리킨다. 바로 다음 덧붙여진 내용은 "교회의 사역자들은 필요시 이 사역을 하도록…안수 때에 위임을 받아 권한을 갖고 의무를 갖는다."

슬픈 것은 여기 공적으로 하나님의 말씀이 선포되는 것에 대한 어떤 언급도 없다는 것이다. 그것이야말로 참회하는 신자에게 죄 사함과 확신을 주는 도구로 하나님이 정하신 정상적인 수단이다. 성 바울이 "화해의 사역"이라는 표현을 처음 사용할 때 언급하고 있는 것이 바로 이것이었다. 그는 공적이든 사적이든 공식적인 사죄 선언을 의미한 것이 아니라, 그리스도의 대사들에 의해 이루어지는 "화해의 말씀" 선포(고후 5:18-21, 새번역)를 의미한 것이었다. 사제로 안수를 받을 때 사제가 받은 권한도, 개인적인 사죄 선언의 권한이 아니라 이런 선포 사역의 권한이다. 더욱이 그 서언에서는, 참회자가 자문을 구하는 "동료 그리스도인", 곧 "경험 많고 신실한 교회의 평신도"든 "그의 사역자든 다른 사역자"든 간에 그런 동료 그리스도인이 있을 수 있다는 중요한 언급을 하지만, 이렇게 동료 그리스도인에게 의존하는 것이 어떤 것인지에 대한 혼동이 있는 것 같다. 그 글은, "동료 그리스도인에게 자기 걱정을 털어놓는 것으로, 온전한 고백을 하는 데 도움을 얻을 수 있는 경우가 있다"라고 말한다. 이것을 통해서는, 한 사람의 걱정을 털어놓는 것이 고백으로 여겨지는지, 혹은 '온전한 고백'에 도움을 주는 것인지 확실하지 않다. 친구나 사역자에게 자신의 '걱정을 털어놓는 것'('자주'가 아니라 가끔이어야 하는) 그리고 자주 혹은 정기적인 '고백'의 구분이, 도움이 안 될 만큼 흐릿하다. 이는 다른 것이며 분명하게 구분되어야 한다.

27) p. 91.
28) p. 16.
29) Ott, pp. 434, 435.
30) pp. 82, 91.
31) p. 63.
32) pp. 39, 54.

33) p. 16.
34) 행 3:1 이하.

결론

1) p. 17.
2) W. Griffith Thomas, p. 386.
3) pp. 108-109.

부록

1) *The Chronicle of the Convocation of Canterbury*(London, 1873), p. 558.
2) *The Six Lambeth Conferences 1867-1920*(London, 1920), p. 97.

옮긴이 김명희는 연세대 영어영문학과를 졸업하고 IVP 편집부에서 일했다. 역서로 「제자도」, 「자유」, 「영성에의 길」, 「이는 내 사랑하는 자요」, 「아담」, 「영성을 살다」, 「성경은 드라마다」(이상 IVP) 등이 있다.

너의 죄를 고백하라

초판 발행_ 2012년 1월 17일
초판 2쇄_ 2012년 7월 30일

지은이_ 존 스토트
옮긴이_ 김명희
펴낸이_ 신현기

발행처_ 한국기독학생회출판부
등록번호_ 제313-2001-198호(1978.6.1)
주소_ 121-838 서울 마포구 서교동 352-18
대표 전화_ (02)337-2257 팩스_ (02)337-2258
영업 전화_ (02)338-2282 팩스_ 080-915-1515
직영서점 산책_ (02)3141-5321
홈페이지_ http://www.ivp.co.kr 이메일_ ivp@ivp.co.kr
ISBN 978-89-328-1261-8

ⓒ 한국기독학생회출판부 2012

책값은 뒤표지에 있습니다.
무단 전재와 복제를 금합니다.